なやみ・トラブル
いろいろ
あるよね！
なやみ 5 と～る
ネット・SNSの
なやみ

なやみと〜る 5

ネット・SNSのなやみ

ITジャーナリスト　小学校教諭
高橋暁子・北川雄一・監修 ／ 梶塚美帆・文 ／ つぼいひろき・絵

岩崎書店

はじめに

インターネット（「ネット」と省略《しょうりゃく》されることが多《おお》いよ）に興味《きょうみ》があるきみ、この本《ほん》を開《ひら》いてくれてありがとう。

メールやSNS《エスエヌエス》（ソーシャル・ネットワーク・サービスの略《りゃく》。ネットを使《つか》って人《ひと》と人《ひと》が交流《こうりゅう》する会員制《かいいんせい》サービス）は使《つか》ったことある？ もう、使《つか》いこなしてる？

ネットで「検索《けんさく》」をすると、芸能人《げいのうじん》のことや、ニュース、天気《てんき》、地図《ちず》、スポーツなど、さまざまなことをかんたんに調《しら》べられる。

メールやSNSを使《つか》えば、友達《ともだち》といつでもどこでも「おしゃべり」ができたり、好《す》きなことが同《おな》じ人《ひと》とつながることができたりもするよね。

そんなふうに、とっても便利《べんり》なネットだけど、
大人《おとな》でも失敗《しっぱい》することがあるぐらい、使《つか》いこなすのは難《むずか》しい。

この本《ほん》では、ネットにまつわるなやみ・トラブルを経験《けいけん》してきた先輩《せんぱい》たちや、
学校《がっこう》の先生《せんせい》、インターネットの専門家《せんもんか》とたくさん話《はな》し合《あ》って、
知《し》っておくべき注意点《ちゅういてん》や、なやみ・トラブルの解決《かいけつ》のヒントを集《あつ》めました！

ナビゲーターの「マウスくん」とともに、
ひとつひとつ困難《こんなん》をのりこえていく主人公《しゅじんこう》、
「はなちゃん」と「ひでとくん」の成長《せいちょう》を見《み》ながら、
インターネットを上手《じょうず》に使《つか》うためのヒントにして
もらえたらうれしいです！

もくじ

登場人物《とうじょうじんぶつ》

ひでと

はなの弟《おとうと》。小学《しょうがく》6年生《ねんせい》。
性格《せいかく》はノーテンキ。
ゲーム機《き》やお父《とう》さんのパソコンでネットを使《つか》っている。

はな

中学《ちゅうがく》2年生《ねんせい》。
最近《さいきん》スマホをもつようになった。
自称《じしょう》、しっかり者《もの》の姉《あね》。

インターネットについて知《し》ろう

ありません!
ガチャ
ったく
また迷《めい》惑《わく》電《でん》話《わ》?
どうしてうちの番《ばん》号《ごう》がわかるのかしらねー
チューチュー、それはひでとくんのせいだな
ん?
あれ?今《いま》、どこかから声《こえ》がしなかった?
み、見《み》てマウスが!
チュー
チュー

チュッチュッチュッチュチュチュッ
チューーッ
ひでとくん、今もってるゲームの通信欄《つうしんらん》に、家《いえ》の電話番号《でんわばんごう》書《か》いたでしょ
ままま、マウスがマウスになった!!
わたしつかれてんのかしら…
書《か》いたけど、何《なに》か関係《かんけい》あるの!?
迷惑電話《めいわくでんわ》がかかってくるようになった原因《げんいん》はそれなんだな
もう!ひでとったら気《き》をつけなさいよ!
うっ

はなちゃん、きみも
インターネットのこと、
知《し》らなすぎるぞ
ビシッ
わたしも!?
ヘンなこと
してないよ?
芸能人《げいのうじん》からの
あやしいメールに
お返事《へんじ》したでしょ
ギクッ
アムールの
ケイくんから
メールが!?
スマホ
スゴーイ
見《み》てたのね
インターネットは
ちゃんとチューい
しなきゃダメだよ!
ぼくといっしょに
学《まな》んでいこう!
はい!
わたしも!

きみはインターネットについて、
自信《じしん》をもって「使《つか》いこなせてる！」と言《い》えるかな？
「ネットは危険《きけん》がいっぱい」って大人《おとな》は言《い》うよね。
どうしてだと思《おも》う？
それは、大人《おとな》でもネットを使《つか》いこなすのは
難《むずか》しいからなんだ。
ネットの使《つか》い方《かた》は、大人《おとな》も、
小《ちい》さな失敗《しっぱい》をくりかえしながら学《まな》んでいっている。
だから、「大《おお》きな失敗《しっぱい》」をしないコツを、まず覚《おぼ》えてほしい。
きみの身《み》の安全《あんぜん》や、将来《しょうらい》を守《まも》ることになるから。
はなちゃんや、ひでとくんたちといっしょに、
インターネットについて学《まな》んでいこう！

第《だい》1章《しょう》

インターネットってなんだろう？

そもそもインターネットって何《なに》?

アドバイス

インターネットは、地球規模《ちきゅうきぼ》のネットワーク！

インターネットとは、世界中《せかいじゅう》のコンピュータなどの情報機器《じょうほうきき》をつなぐネットワークのこと。コンピュータどうしが通信《つうしん》をおこなうことで、電子《でんし》メールを送信《そうしん》したり、ホームページを見《み》たりすることができるんだ。

インターネットを利用《りよう》できる機器《きき》はこんなにある

パソコン

携帯電話《けいたいでんわ》

スマートフォン

タブレット

携帯《けいたい》ゲーム機《き》

家《いえ》に置《お》いて遊《あそ》ぶゲーム機《き》

音楽《おんがく》プレイヤー

などなど

利用《りよう》するには、
インターネットに
接続《せつぞく》してくれるサービス
事業者《じぎょうしゃ》と契約《けいやく》するよ！

世界中《せかいじゅう》の人《ひと》とつながることができる

世界中《せかいじゅう》から情報《じょうほう》を集《あつ》めることができたり、世界中《せかいじゅう》の人《ひと》に情報《じょうほう》を発信《はっしん》することができたりするよ。

インターネットで何《なに》ができるの？

たとえばこんなことができるよ!

情報《じょうほう》を見《み》る

単語《たんご》を打《う》ちこんで「検索《けんさく》」ボタンをクリックすると、その単語《たんご》が含《ふく》まれる「ウェブサイト」が出《で》てくるよ。ウェブサイトは、公《おおやけ》の団体《だんたい》、企業《きぎょう》から個人《こじん》がつくったものまでさまざまあって、いろんな情報《じょうほう》や画像《がぞう》がのっているんだ。

情報《じょうほう》を発信《はっしん》する

自分《じぶん》でウェブサイトをつくったり、動画《どうが》をつくって動画《どうが》共有《きょうゆう》サイトで発信《はっしん》したりできる。「ブログ」は日記《にっき》などを書《か》き残《のこ》すことのできるウェブサイト。見《み》た人《ひと》がコメントを書《か》きこむこともできるよ。

映像《えいぞう》や音楽《おんがく》を楽《たの》しむ

映画《えいが》、音楽《おんがく》、ゲームなどが楽《たの》しめる。利用《りよう》するのにお金《かね》がかかるものや、無断《むだん》でネットに出《で》まわっていて、著作権法《ちょさくけんほう》に違反《いはん》しているものもあるので、要注意《ようちゅうい》。(くわしくは P51、P70 へ!)

買《か》い物《もの》をする

ネットショッピングといって、ショッピングサイトやネットオークションを利用《りよう》して、お店《みせ》に行《い》かなくても物《もの》を買《か》ったり売《う》ったりできるよ。

たくさんの人《ひと》と交流《こうりゅう》する

「SNS」という、ネットを使《つか》って人《ひと》とコミュニケーションをする会員制《かいいんせい》サービスが利用《りよう》できる。文章《ぶんしょう》で会話《かいわ》するチャットや、電話《でんわ》のように直接話《ちょくせつはなし》をしたり、顔《かお》を見《み》ながら会話《かいわ》したりできるよ。しかも、世界中《せかいじゅう》の人《ひと》とつながれるんだ。

これはほんの一例《いちれい》、ほかにもいろんなことができる。

便利《べんり》な反面《はんめん》、トラブルも発生《はっせい》しがち。
この本《ほん》をよく読《よ》んで勉強《べんきょう》だ!

インターネットを使《つか》うときの注意点《ちゅういてん》

こんなことに注意《ちゅうい》してね！

情報《じょうほう》をそのまま信《しん》じちゃダメ

正《ただ》しい情報《じょうほう》だけじゃないから、判断力《はんだんりょく》が必要《ひつよう》。

判断《はんだん》しづらい場合《ばあい》は、大人《おとな》に相談《そうだん》！

映画《えいが》や音楽《おんがく》をむやみにダウンロードしない

著作権法違反《ちょさくけんほういはん》になる場合《ばあい》があるし、ウイルスをパソコンに連《つ》れこむ危険性《きけんせい》も！（くわしくは P56、P70 へ！）

※ダウンロードとは、ネット上《じょう》からゲームなどを自分《じぶん》のコンピュータにコピーすること。

動画《どうが》を見《み》るならダウンロードよりも、ストリーミング（受信《じゅしん》しながら再生《さいせい》する方式《ほうしき》）がオススメ。

写真《しゃしん》をアップするときは要注意《ようちゅうい》

ネット上《じょう》のものはだれでも見《み》られることをわすれずに。撮影《さつえい》した場所《ばしょ》や、背景《はいけい》に写《うつ》りこんだもので個人《こじん》を特定《とくてい》されないようにしよう！（くわしくは P37 へ！）

※アップ（=アップロード）とは、自分のデータをネット上《じょう》に公開《こうかい》すること。

人《ひと》の悪口《わるくち》、ウソのうわさは書《か》いてはいけない

イタズラでも、犯行予告《はんこうよこく》などは犯罪《はんざい》になる可能性《かのうせい》があるよ。（くわしくは P70 へ！）

個人情報《こじんじょうほう》の扱《あつか》いに注意《ちゅうい》

住所《じゅうしょ》や電話番号《でんわばんごう》などを SNS に書《か》いたり、信頼《しんらい》できないサイトに登録《とうろく》したりしないこと。悪用《あくよう》されることがある。（くわしくは P37、P49 へ！）

人《ひと》を傷《きず》つけたり、迷惑《めいわく》な行為《こうい》をしたり……で逮捕《たいほ》されることもあるよ！

インターネットでこんなことしてます

あすか

理科実験《りかじっけん》の動画《どうが》を見《み》ているよ！

わたしはよく動画《どうが》サイトを見《み》ているの。理科実験《りかじっけん》の動画《どうが》を配信《はいしん》している人《ひと》のファンだから、それを見《み》ることが多《おお》いかな。その人《ひと》、とってもかっこいいんだよね。お母《かあ》さんには「パソコンばっかりしちゃダメだよ」って言《い》われるけど、「勉強《べんきょう》のことだもん」って言《い》いかえしてるの。その動画《どうが》が、夏休《なつやす》みの自由研《じゆうけん》究《きゅう》の役《やく》にも立《た》ったんだ。お母《かあ》さんには、「インターネットのある時代《じだい》に生《う》まれてよかったね」ってイヤミ!? 言《い》われちゃってます（笑《わらい》）

ひより

アニメの最新情報《さいしんじょうほう》をチェックしてるよ！

学校《がっこう》ではあまり言《い》っていないけど、わたしは少年《しょうねん》マンガやアニメが大好《だいす》きなの。それでよく、マンガ家《か》さんのブログやSNSをチェックしてる。

インターネットなら、最新《さいしん》の情報《じょうほう》がすぐ手《て》に入《はい》るよ。好《す》きなマンガがアニメになるって決《き》まったことや、声優《せいゆう》さんがだれになったかという情報《じょうほう》も、インターネットでいち早《はや》く知《し》ったの。

それに、関係《かんけい》のあることを調《しら》べていくと、SNSとかで原作《げんさく》ファンの子《こ》たちが意見《いけん》を言《い》い合《あ》ってて、それを読《よ》むのもおもしろいんだ。

あとは、すっごく絵《え》が上手《じょうず》な人《ひと》が、イラストを投《とう》稿《こう》しているのを見《み》て楽《たの》しんでる。ほとんど毎日更新《まいにちこうしん》されるの。コメントを書《か》きこむと、返事《へんじ》をくれてうれしかった！

わたる

歴史上《れきしじょう》の人物《じんぶつ》のことを調《しら》べてる

ぼくは歴史《れきし》が大好《だいす》き。六年生《ねんせい》から歴史《れきし》の授業《じゅぎょう》がはじまったので、気《き》になった歴史上《れきしじょう》の人物《じんぶつ》について調《しら》べていると、教科書《きょうかしょ》にのっている以外《いがい》のことが知《し》れて楽《たの》しいんだ。

織田信長《おだのぶなが》は新《あたら》しいもの好《ず》きだったって説《せつ》を知《し》ったり、教科書《きょうかしょ》では目立《めだ》ってなかった勝海舟《かつかいしゅう》のことをくわしく知《し》って好《す》きになったり。お父《とう》さんも歴史《れきし》が好《す》きだから、いっしょにもりあがることもあるよ。

このあいだの班《はん》ごとの調《しら》べ学習《がくしゅう》のとき、インターネットでも調《しら》べたんだ。サイトによって書《か》いてあることがちがうこともあるから、情報《じょうほう》が本当《ほんとう》かどうか確《たし》かめながら、気《き》をつけて使《つか》うようにしてる。それに、ぼくはやらないけど、インターネットの情報《じょうほう》を丸写《まるうつ》しすると、先生《せんせい》にバレちゃうんだって！

それぞれちがったインターネットの使《つか》い方《かた》をしているんだね。
気《き》をつけることはたくさんあるけれど、正《ただ》しく使《つか》えば便利《べんり》で楽《たの》しいものだよ。

パスワードを設定《せってい》するときの注意点《ちゅういてん》

インターネットを使《つか》っていると、ID《アイディー》とパスワードの登録《とうろく》が必要《ひつよう》になることがよくあるんだ。

ID《アイディー》とパスワードを入力《にゅうりょく》することで、「今《いま》サイトにアクセスをしようとしているのは自分《じぶん》です」という証明《しょうめい》になる。だから、保護者以外《ほごしゃいがい》には知《し》られないようにしよう。

でも、教《おし》えていないはずなのに、悪意《あくい》のある人《ひと》に知《し》られてしまうことがあるんだ。

そうならないために、パスワードを設定《せってい》するときのポイントを教《おし》えるね。

このパスワードを設定《せってい》するときの注意点《ちゅういてん》は、大人《おとな》でも知《し》らないことがあるから教《おし》えてあげよう。

・**誕生日《たんじょうび》**や**電話番号《でんわばんごう》**など、きみの基本情報《きほんじょうほう》を知《し》っている人《ひと》ならわかりそうなものはダメ！

・**password《パスワード》**、**0000**、**1234**など、だれでもわかりそうなものはダメ！

・パスワードを、**あなたの好《す》きな食《た》べ物《もの》**や、**ペットの名前《なまえ》**などにしていた場合《ばあい》、それについてネット上《じょう》では書《か》かないこと！

SNSなどで質問《しつもん》を送《おく》り合《あ》うことがあるけれど、それを見《み》た悪意《あくい》のある人《ひと》がパスワードの特定《とくてい》に使《つか》うことがあるんだ。質問《しつもん》がまわってきても、パスワードにまつわることは書《か》いちゃダメだよ。

※ID《アイディー》とは、利用者《りようしゃ》を識別《しきべつ》するための文字《もじ》や数字《すうじ》。

第《だい》2章《しょう》

メールやSNSって何《なに》？ 注《ちゅう》意《い》点《てん》は？

マナーや注《ちゅう》意《い》点《てん》の基《き》本《ほん》を知《し》ろう！

※アプリとは、特定《とくてい》の目的《もくてき》のためにつくられたソフトウェア。「メッセージを送《おく》る」、「写真《しゃしん》を加工《かこう》する」などいろいろなアプリがある。

メール、メッセンジャーアプリって何《なに》？どんなときに便利《べんり》なの？

メールとメッセンジャーアプリのちがいって？

メール

- メールアドレスが必要《ひつよう》
- 一通《つう》ずつ表示《ひょうじ》される
- 写真《しゃしん》や動画《どうが》も送《おく》ることができる

送《おく》りたい相手《あいて》のメールアドレスを入《い》れる。正《ただ》しいアドレスかどうか確認《かくにん》しよう。

タイトルを入《い》れる。なくても送《おく》れるよ。

メッセージを入《い》れるよ。短《みじか》い文《ぶん》で書《か》くと、伝《つた》えたいことがわかりやすいよ！

メッセンジャーアプリ

- 電話番号《でんわばんごう》や SNS のアカウントなどが必要《ひつよう》
- やりとりが会話調《かいわちょう》で表示《ひょうじ》される
- 写真《しゃしん》や動画《どうが》を送《おく》れるほか、音声通話《おんせいつうわ》もできる

電話《でんわ》や手紙《てがみ》とはちがういいところ

- **いつでも送《おく》れる**

友達《ともだち》が塾《じゅく》、保護者《ほごしゃ》が仕事中《しごとちゅう》など、電話《でんわ》に出《で》られないときにも送《おく》っておける。

- **すぐに届《とど》く**

送信《そうしん》ボタンをおしたら、取《と》り消《け》せない場合《ばあい》がほとんど。要注意《ようちゅうい》！

相手《あいて》がメッセージを読《よ》むのは、相手《あいて》のタイミングしだい。電話《でんわ》とちがって、すぐ反応《はんのう》が返《かえ》ってくるとはかぎらないよ。

メール、メッセンジャーアプリを使《つか》うときのマナー

第2章

アドバイス!

メッセージのやりとり、こんなことに注意《ちゅうい》!

夜中《よなか》や朝《あさ》の早《はや》い時間《じかん》に送《おく》っちゃダメ!

相手《あいて》は寝《ね》ているかもしれないよ。

連続《れんぞく》して送《おく》るのはやめよう

相手《あいて》はビックリしちゃうかも。

文章《ぶんしょう》だけだと誤解《ごかい》が生《う》まれやすい

「冷《つめ》たい」「キツイ」と受《う》けとられることも。

送《おく》り先《さき》をしっかり確認《かくにん》

一度《いちど》送《おく》ったら取《と》り消《け》せないよ!

絵文字《えもじ》は文字化《もじば》けすることがある

パソコンや携帯電話《けいたいでんわ》の機種《きしゅ》によって表示《ひょうじ》されないことがあるよ。

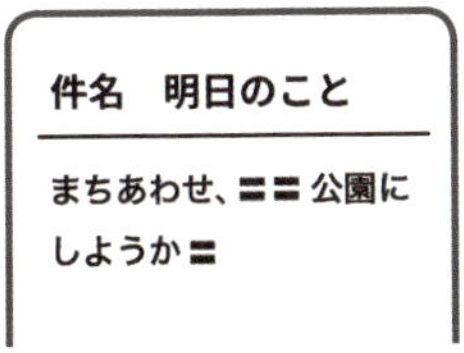

友達《ともだち》のメールアドレスや電話《でんわ》番号《ばんごう》を勝手《かって》に教《おし》えちゃダメ!

「教《おし》えてもいい?」と確認《かくにん》しよう。

文字《もじ》だけだと、相手《あいて》の感情《かんじょう》を読《よ》みとるのが難《むずか》しいんだ。話《はな》すときよりも気《き》をつかうべし!

こんなこと、しちゃってない？

誤解《ごかい》される文章《ぶんしょう》を送《おく》っちゃった

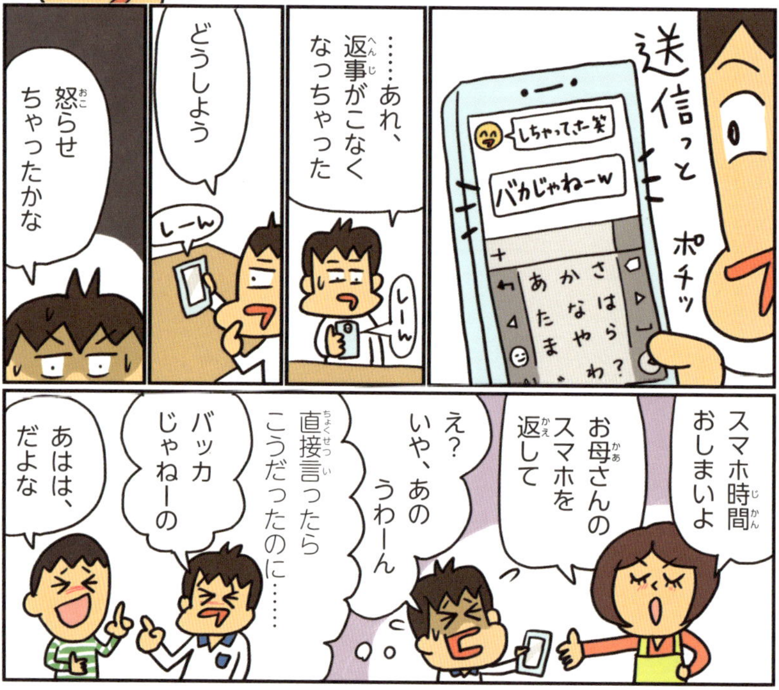

直接《ちょくせつ》言《い》うのとでは、印象《いんしょう》が全《まった》く変《か》わるよね。どうしたらよかったんだろう

相手《あいて》に与《あた》える印象《いんしょう》をしっかり考《かんが》えて送《おく》ること。怒《おこ》らせてしまったかな？と思《おも》ったら、会《あ》ったときにすぐにあやまって誤解《ごかい》を解《と》こう！

連続《れんぞく》して送《おく》っちゃった

いつもすぐに返事《へんじ》ができるわけじゃないし、
その家《いえ》によっていろいろな使《つか》い方《かた》のルールがある。
そのことを理解《りかい》したらトラブルも避《さ》けられるよ！

メールにひそむ、こんなワナ

アドバイス!

メールを使《つか》うときに、気《き》をつけるべきこと

知《し》らないアドレスには返信《へんしん》しない。あやしいメールはすぐに消《け》して!

「お金《かね》をあげます」という内容《ないよう》や、有《ゆう》名人《めいじん》からのメールなどはすべてウソ! きみを詐欺《さぎ》にあわせようとするメールだよ。

メールや、付《つ》いているファイルを開《ひら》いただけでウイルスに感染《かんせん》することも!

あやしいと思《おも》ったら、できるだけ開《ひら》く前《まえ》に削除《さくじょ》しよう。(コンピュータウイルスについてはP56へ!)

知《し》らない人《ひと》からのメールに書《か》いてあるウェブサイトのアドレスをクリックしてはダメ!

ウイルスに感染《かんせん》することや、詐欺《さぎ》にまきこまれる危険《きけん》があるよ。

チェーンメールが届《とど》いても、回《まわ》してはダメ!

あなたがストップさせて。不幸《ふこう》になることは絶対《ぜったい》にないし、情報《じょうほう》はウソである可能性《かのうせい》があるんだ。(チェーンメールについてはP67へ!)

※「このメールを○人《にん》に送《おく》らないと不幸《ふこう》になる」、「緊急《きんきゅう》の情報《じょうほう》です。困《こま》っている人《ひと》を助《たす》けるために、できるだけ多《おお》くの人《ひと》に伝《つた》えてください」などの内容《ないよう》がチェーンメール。

自分《じぶん》のメールアドレスは、信用《しんよう》できる人《ひと》にだけ教《おし》えよう。それでも知《し》らない人《ひと》からメールが届《とど》くことがあるので、あやしいと思《おも》ったら大人《おとな》に相談《そうだん》してね。

メッセンジャーアプリの注意点《ちゅういてん》

しくみを知《し》っていないと、イタイめにあう……!

「友《とも》だち」登録《とうろく》にまつわる設定《せってい》に注意《ちゅうい》!

きみのスマホのアドレス帳《ちょう》に登録《とうろく》されている相手《あいて》が、自動《じどう》的《てき》にメッセンジャーアプリの「友《とも》だち」に登録《とうろく》されることがある。きみが「友《とも》だち」に登録《とうろく》したことが相手《あいて》に通知《つうち》されたり、相手《あいて》の画面《がめん》にきみの名前《なまえ》が「知《し》り合《あ》いかも?」と出《で》てしまったりするよ。「友《とも》だちの自動追加《じどうついか》」や「友《とも》だちへの追加《ついか》を許可《きょか》」などの機能《きのう》はオフにするのがオススメ!

「追加《ついか》しない」「ことわる」「送《おく》らない」のが正解《せいかい》!

・知《し》らない人《ひと》は「友《とも》だち」に追加《ついか》しない

携帯《けいたい》の電話番号《でんわばんごう》は、じつは使《つか》いまわされている。知《し》らないうちに友達《ともだち》の番号《ばんごう》が変《か》わっていて、今《いま》はちがう人《ひと》の番号《ばんごう》になっている場合《ばあい》が。それで、知《し》らない人が「知《し》り合《あ》いかも?」の欄《らん》に出《で》てきたりするんだ。

・知《し》らないグループに招待《しょうたい》されたら……

招待《しょうたい》してくれた友達《ともだち》に、「なんのグループ?」と、直接《ちょくせつ》きいてみよう。
知《し》らない人《ひと》がたくさんいて、参加《さんか》しなくてもいいと判断《はんだん》したら、ことわっていいよ。

・人《ひと》に知《し》られてマズイことは送《おく》らない

1対《たい》1やグループでやりとりしていても、スマホの画面《がめん》を画像《がぞう》として保存《ほぞん》して、SNSなどにのせることは可能《かのう》なんだ。

SNS、ブログって何《なに》?

いろんな人《ひと》と交流《こうりゅう》したり自分《じぶん》のことを発信《はっしん》したりできる

SNSやブログでは、文章《ぶんしょう》、写真《しゃしん》、動画《どうが》などで、自分《じぶん》のことを発信《はっしん》できるんだ。いろいろな人《ひと》と交流《こうりゅう》したり、みんなに知《し》ってほしいことを伝《つた》えたり……。遠《とお》くに転校《てんこう》した友達《ともだち》はもちろん、外国《がいこく》にいる人《ひと》とも気軽《きがる》にやりとりできるよ。

それぞれの特徴《とくちょう》について教《おし》えるね

SNS

- リアルタイムで気軽《きがる》に発信《はっしん》できる
- 友達《ともだち》とやりとりをするのにも向《む》いている

読《よ》んだ人《ひと》からすぐに「いいね」やコメントがつくので楽《たの》しい。

ブログ

- 長《なが》い文章《ぶんしょう》や日記《にっき》を書《か》くのに使《つか》われることが多《おお》い
- あとから読《よ》み直《なお》すのに向《む》いている

日記《にっき》にもなるし、まとめて読《よ》み返《かえ》すこともできて、自分《じぶん》の記録《きろく》にもなるんだ。

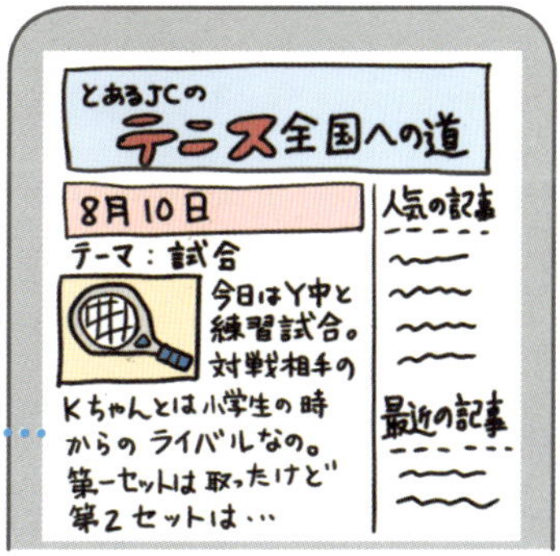

年齢制限《ねんれいせいげん》を設《もう》けていたり、保護者《ほごしゃ》の同意《どうい》が必要《ひつよう》な場合《ばあい》もあったりする。やるなら、ルールを守《まも》ってね！

SNS、ブログを使《つか》うときの注意点《ちゅういてん》

アドバイス

個人情報《こじんじょうほう》の流出《りゅうしゅつ》に注意《ちゅうい》！ マナーを守《まも》ってスマートに！

個人情報《こじんじょうほう》は書《か》かないようにしよう

本名《ほんみょう》、住所《じゅうしょ》、学校《がっこう》など、自分《じぶん》の情報《じょうほう》だけではなく友達《ともだち》の情報《じょうほう》も書《か》かないで。悪意《あくい》のある人《ひと》が見《み》てトラブルにまきこまれることがあるよ。

しめしめ
○○○○
○○小
○○県○○市○○町

コメント欄《らん》のやりとりで
うっかり書《か》いてしまう
ことも。要注意《ようちゅうい》！

自分《じぶん》の写真《しゃしん》をのせるのはひかえよう

写真《しゃしん》がコピーされ、何《なに》に使《つか》われるかわからない。背景《はいけい》に写《うつ》りこんだものから、自分《じぶん》の住所《じゅうしょ》や学校《がっこう》などが知《し》られてしまこともあるよ。

いってきまーす！

写真《しゃしん》に位置情報《いちじょうほう》をつけないように設定《せってい》しよう

設定《せってい》によって、スマホやデジカメなどで撮《と》った写真《しゃしん》には、自動的《じどうてき》に位置情報《いちじょうほう》がつく。パソコンにくわしい人《ひと》なら、写真《しゃしん》のデータを見《み》て撮影場所《さつえいばしょ》がわかってしまうよ。スマホやデジカメの設定《せってい》を要確認《ようかくにん》！

GPS
緯度　SS.14.1.[redacted]000000070
経度　132.26.2980[redacted]46000

被害《ひがい》にあってしまったら——トラブルをさけるために

トラブル1 自分《じぶん》の家《いえ》を特定《とくてい》されて、知《し》らない人《ひと》が家《いえ》の前《まえ》にいる

保護者《ほごしゃ》に報告《ほうこく》。場合《ばあい》によっては警察《けいさつ》に通報《つうほう》

個人情報《こじんじょうほう》が流出《りゅうしゅつ》している投稿《とうこう》を削除《さくじょ》しよう。自分《じぶん》以外《いがい》の人《ひと》が書《か》いているものだったら、そのSNSやブログを管理《かんり》している会社《かいしゃ》や、プロバイダー（インターネットにつなげている会社《かいしゃ》のこと）などに連絡《れんらく》を。理由《りゆう》を説明《せつめい》して、削除《さくじょ》してもらおう。きみには削除《さくじょ》してもらう権利《けんり》がある。

知《し》らないうちに自分《じぶん》の写真《しゃしん》が出《で》まわってしまったなどのトラブルも、この解決方法《かいけつほうほう》を参考《さんこう》にしてね

トラブル2 知《し》らない人《ひと》からなぜかたくさん連絡《れんらく》がくる

まずは保護者《ほごしゃ》に相談《そうだん》してみて

この場合《ばあい》、知《し》らないうちにSNSやネット上《じょう》の掲示板《けいじばん》などに、連絡先《れんらくさき》を書《か》かれている可能性《かのうせい》がある。自分《じぶん》の連絡先《れんらくさき》をネットで検索《けんさく》したり、連絡《れんらく》してきた人《ひと》に「どこでアドレスを知《し》ったか?」をきいてみるのも手《て》。どこに書《か》かれているかわかったら、情報元《じょうほうもと》を削除《さくじょ》して。さらに、こんな対策《たいさく》もしてみよう。

- メールアドレスを変《か》える
- メッセンジャーアプリのID《アイディー》やQR《キューアール》コードを新《あたら》しくする
- 知《し》り合《あ》い以外《いがい》からの連絡《れんらく》は受《う》け取《と》らない設定《せってい》にする
- 迷惑《めいわく》な連絡《れんらく》をしてくる相手《あいて》を受信拒否《じゅしんきょひ》に設定《せってい》する

深刻《しんこく》な場合《ばあい》は、警察署《けいさつしょ》の少年相談窓口《しょうねんそうだんまどぐち》に相談《そうだん》してみるのも手《て》だよ!

注意《ちゅうい》ポイント1 投稿内容《とうこうないよう》は慎重《しんちょう》に決《き》めよう

「一生《いっしょう》消《き》えない」という覚悟《かくご》をもって

あとで削除《さくじょ》しても、すでに画面《がめん》の画像《がぞう》を保存《ほぞん》されていて、ネット上《じょう》にのせられてしまうトラブルもある。

だれに見《み》られてもOKな内容《ないよう》だけをのせよう

友達以外《ともだちいがい》は見《み》られないように設定《せってい》していても、画面《がめん》を画像《がぞう》として保存《ほぞん》されて、どこかにのせられてしまう可能性《かのうせい》もある。だれかが傷《きず》つくようなことは書《か》かない、人《ひと》に見《み》られたくない画像《がぞう》はのせないようにしよう。

わからないように書《か》いても、バレてしまうよ

本名《ほんみょう》ではない名前《なまえ》を使《つか》って、なんのことかわからないようにボカして書《か》いても、わかる人《ひと》が見《み》たらわかる。悪意《あくい》のあることを書《か》くのはやめよう。

注意《ちゅうい》ポイント2 マナーを守《まも》って

ほかの人《ひと》が写《うつ》った写真《しゃしん》を勝手《かって》にアップしてはダメ

店員《てんいん》さんや道行《みちゆ》く人《ひと》などを勝手《かって》に撮影《さつえい》してアップするのは、知《し》らない人《ひと》のプライバシーをおびやかしていることになるんだ。
知《し》らない人《ひと》の写真《しゃしん》に、からかうような文章《ぶんしょう》をつけて投稿《とうこう》するなんていうのは、絶対《ぜったい》にダメ!
ほかの人《ひと》が見《み》たらどう思《おも》うかを、きちんと考《かんが》えてね。

お店《みせ》や商品《しょうひん》、料理《りょうり》の写真《しゃしん》を撮《と》ってのせるときは……

店員《てんいん》さんに「写真《しゃしん》を撮《と》ってもいいですか?」「ブログにのせてもいいですか?」など、許可《きょか》をとるようにしよう。

SNSやブログをやっててこんなことがあったよ

参加《さんか》メンバー

ななみ　好《す》きな芸能人《げいのうじん》のブログを見《み》るのが好《す》き！ 自分《じぶん》でもブログをやっている

たくみ　SNSでゲームの話《はなし》をしている

みゆ　SNSに自分《じぶん》のことを投稿《とうこう》している

ななみ　みんなSNSやブログはやってる？

たくみ　オレはSNSだけやってるよ。ゲームのことしか書《か》いてないけど。

みゆ　ゲーム用《よう》のアカウントってこと？

たくみ　うん、そんな感《かん》じ。ゲームについて、いろんな人《ひと》と情報交換《じょうほうこうかん》してる。

ななみ　へぇ、なんだか楽《たの》しそう！

たくみ　「そのゲームが好《す》きならこれもオススメ」って教《おし》えてもらったり、攻略《こうりゃく》のヒントをもらったり、「オレもそこクリアするの時間《じかん》かかったー」ってやりとりしたり。

みゆ　好《す》きなことで人《ひと》とつながれるっていいわね。

ドラコン伝説は好き？
そしたら ファイナル ファイナル クエストも おもしろいよ！
オススメのゲーム おしえてよ！
ドラ伝好き！

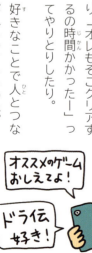

ななみ：知《し》らない人《ひと》とやりとりするのって、怖《こわ》くないの？

たくみ：平気《へいき》って思《おも》ってたら、じつは怖《こわ》いことがあったんだ……。

みゆ：何《なに》なに？

たくみ：オレがクリアしたゲームを「難《むずか》しい」って書《か》いてる人《ひと》がいたから、アドバイスしてあげたんだよね。でもそれが気《き》に入《い》らなかったみたいで「うぜーｗｗ」とか「殺《ころ》すｗｗｗ」とか書《か》かれて。しばらくストーカーみたいにからまれて怖《こわ》かった。

みゆ：顔《かお》が見《み》えない相手《あいて》だし、それは怖《こわ》いよね……。

ななみ：じつはわたしも、たくみくんとはちがうけど、ネットでトラブルになったことあるんだよね。

たくみ：ななみちゃんもSNSやってるの？

ななみ：ううん、わたしはブログなんだけど。

みゆ：ブログって、SNSみたいにやりとりすることあるの？

ななみ：コメント欄《らん》に怖《こわ》いことを書《か》かれたことがあってね。

みゆ：なるほど。

ななみ：芸能人《げいのうじん》を見《み》かけて、うれしくて後《うし》ろ姿《すがた》の写真《しゃしん》を撮《と》ったんだけど、うれしさのあまり、ブログにのせちゃったことがあるんだ。

たくみ それ、やっちゃダメなやつ（笑《わらい》）

ななみ うん、もう絶対《ぜったい》やらない！　はじめは「勝手《かって》にのせちゃダメですよ」とか注意《ちゅうい》されるぐらいだったんだけど、そこからどんどんコメントが荒《あ》れていったの。過去《かこ》の記事《きじ》にわたしの顔写真《かおじゃしん》をのせたことがあるから、「おまえ青《あお》空小学校《ぞらしょうがっこう》だろ」「特定《とくてい》しました」とか書《か》かれて……。

みゆ うわ、怖《こわ》すぎ！

ななみ 芸能人《げいのうじん》の写真《しゃしん》をのせた記事《きじ》も、自分《じぶん》のことを書《か》いた記事《きじ》も、あわてて消《け》したよ。

たくみ みゆちゃんは何《なに》かやってないの？

みゆ わたしはSNSをやってて、今日何《きょうなに》して遊《あそ》んだとか、何食《なにた》べたとか、そういうことを書《か》いてる感《かん》じ。

ななみ なら平和《へいわ》だね。

みゆ それがそうでもなくて。これはわたしが悪《わる》いんだけど、友達《ともだち》と遊《あそ》んだときにいっしょに撮《と》った写真《しゃしん》を勝手《かって》にアップして、友達《ともだち》に「のせないでよ」って言《い》われて軽《かる》くケンカになったことはある。

ななみ あー、わたしも勝手《かって》にのせられて、ちょっとやだなって思《おも》ったことある！

たくみ のせるなら一言《ひとこと》ほしいかも。

みゆ そうだよね。かわいく撮《と》れてない写真《しゃしん》とか、勝手《かって》にのせられたらやだもんね。

ななみ：それで友達《ともだち》とはどうなったの？

みゆ：アップした写真《しゃしん》は消《け》して、あやまったよ。「1回《かい》アップしたら、もうネットからは一生《いっしょう》消《き》えないかもしれないけど」ってチクって言《い》われたけどね。でもそれからは気《き》をつけてる！

みんなトラブルをのりこえながら、インターネットを使《つか》いこなそうとがんばっているみたいだね。楽《たの》しく使《つか》っていくために、マナーはしっかり守《まも》ろう！

文字《もじ》だけの文章《ぶんしょう》は、気持《きも》ちが伝《つた》わりにくい

メールやメッセンジャーアプリ、ＳＮＳなど、文字《もじ》だけのやりとりは、自分《じぶん》の気持《きも》ちが伝《つた》わりにくいんだ。

相手《あいて》に誤解《ごかい》をされやすいから、コミュニケーションをするときは、気《き》をつけすぎるぐらい気《き》をつけて。

たとえば、「バカだな」と書《か》いたとき。

直接《ちょくせつ》会《あ》って言《い》うなら、表情《ひょうじょう》や言《い》い方《かた》で、本当《ほんとう》にバカにしているのか、じょうだんで言《い》っているのか、わかるよね。

でも、文字《もじ》だけだと、その判断《はんだん》がしづらくなる。

とくにメッセンジャーアプリやＳＮＳでは、文章《ぶんしょう》が短《みじか》いのでメール以上《いじょう》に伝《つた》わりにくいんだよ。

それに、スピード感《かん》があるやりとりをすることが多《おお》いので、感情的《かんじょうてき》になってしまいがちなんだ。

顔文字《かおもじ》を使《つか》っても、実際《じっさい》に会《あ》って、表情《ひょうじょう》や言《い》い方《かた》を直接見《ちょくせつみ》られるときと同《おな》じぐらいには、気持《きも》ちを伝《つた》えることはできない。

大人《おとな》でもトラブルになることがあるぐらい、難《むずか》しいことなんだ。

送《おく》る内容《ないよう》を何度《なんど》も読《よ》み返《かえ》す、会《あ》ったときに気持《きも》ちを伝《つた》え直《なお》すなど、トラブルにならないように使《つか》っていこうね。

第《だい》3章《しょう》

インターネットの危険《きけん》と注意点《ちゅういてん》

みんなトラブルをかかえている!?

はなちゃんもひでとくんも、メールアドレスや住所《じゅうしょ》などの個人情報《こじんじょうほう》を、いろんなサイトに登録《とうろく》したんじゃない？
ギクッ
だって、登録《とうろく》だけで無料《むりょう》でゲームできるっていうから……
へるもんじゃないし、いいでしょ
そういう考《かんが》えだから、こうなるんだよ！
ほかにもこんなトラブルがあるから、勉強《べんきょう》勉強《べんきょう》！

ネットで買《か》い物《もの》をしてみたい!

アドバイス！

ネットショッピングの注意点《ちゅういてん》

ネットショッピングは、手《て》に入《はい》りづらい商品《しょうひん》が買《か》えたり、安《やす》く買《か》えたりすることも。でも、お金《かね》がからんだトラブルも多《おお》いんだ。かならず保護者《ほごしゃ》といっしょに、かしこく利用《りよう》しよう！

信頼《しんらい》できるサイトなのか保護者《ほごしゃ》に判断《はんだん》してもらって

住所《じゅうしょ》やクレジットカード情報《じょうほう》など個人情報《こじんじょうほう》をわたすから慎重《しんちょう》に。情報《じょうほう》を暗号化《あんごうか》して送《おく》るサイトでないと、悪意《あくい》のある人《ひと》に情報《じょうほう》をぬすまれることも！

OK!
NG!

どんな商品《しょうひん》なのかよくたしかめて

同《おな》じ商品《しょうひん》なのに、ほかのお店《みせ》よりずいぶん高《たか》いなんてこともある！

新品のはずなのに
ボロボロ…

写真と違《ちが》う！

ニセモノだった！
PADIDAS

支払《しはら》い方法《ほうほう》や返品《へんぴん》・交換《こうかん》の条件《じょうけん》もたしかめておこう

返品《へんぴん》・交換《こうかん》の条件《じょうけん》は、かならず表示《ひょうじ》するよう決《き》められているよ！

カード
振込《ふりこみ》用紙
払込取扱票
商品が届いた時に現金《げんきん》で支払《しはら》う

親のIDとパスワードが
保存されたままになっている
ときも勝手に買うのはNG！
かならず
あとで
バレるぞ！
ギクッ
まちょっとちなさい！！

バッ
チュー

ネットでの買《か》い物《もの》は、お金《かね》を使《つか》っている感覚《かんかく》がなくなってしまいがち！買《か》いすぎないようにしよう。

ゲームアプリで課金《かきん》をしたい

保護者《ほごしゃ》と決《き》めたルールにしたがうべし

✕ NG!

○ OK!

※ **課金《かきん》**……利用《りよう》するのにお金《かね》をかけること の意味《いみ》で使《つか》われる。

ゲームを無料《むりょう》でできるのはなぜ？

はじめは無料《むりょう》でできるゲームが多《おお》いよ。でも、どうして無料《むりょう》でできるんだろう？　広告《こうこく》での収入《しゅうにゅう》のほか、利用《りよう》する人《ひと》が課金《かきん》しているお金《かね》で成《な》り立《た》っているからだよ。ゲームは、みんなにお金《かね》を使《つか》ってもらえるように計算《けいさん》されてつくられているんだ。

課金《かきん》のしすぎに注意《ちゅうい》！

「あと1回《かい》でバトルに勝《か》てる」「次《つぎ》にくじを引《ひ》いたら期間限定《きかんげんてい》のモンスターが手《て》に入《はい》る」……ゲームをしている人《ひと》が「課金《かきん》したい」と思《おも》うタイミングで「課金《かきん》しませんか？」ときいてくるもの。あっという間《ま》にたくさんのお金《かね》を使《つか》ってしまうこともあるから、気《き》をつけよう。

ゲームの課金《かきん》には中毒性《ちゅうどくせい》があるみたい。
無料《むりょう》の範囲《はんい》で遊《あそ》ぶのがオススメだよ！

自分《じぶん》の写真《しゃしん》をネット上《じょう》にのせたい

顔出《かおだ》しには危険《きけん》があることを知《し》るべし

だれが見《み》てるかわからない！

「世界中《せかいじゅう》の人《ひと》から見《み》られる」ことについて、もう一度《いちど》よく考《かんが》えてみて。おしゃれなアプリを使《つか》ったり、かわいく動画《どうが》を撮《と》ったりしていると、自分《じぶん》と年齢《ねんれい》の近《ちか》い人《ひと》や、同《おな》じ趣味《しゅみ》の人《ひと》だけが見《み》ているって思《おも》いこんでしまいがち。だけど、どんな人《ひと》が見《み》ているかわからないよ。悪用《あくよう》される可能性《かのうせい》もある。それに、インターネットの世《せ》界《かい》では、「若《わか》い」というだけでおもしろおかしくネタにされることが多《おお》いんだ。

その結果《けっか》…

勝手《かって》に写真《しゃしん》を加工《かこう》・合成《ごうせい》されてしまうことも！

個人情報《こじんじょうほう》をさらすべからず

本名《ほんみょう》を出《だ》さなくても、背景《はいけい》に写《うつ》りこんだものから、学校《がっこう》や住所《じゅうしょ》がわかってしまうことがある。悪用《あくよう》されたらたいへんだ。

その結果《けっか》…

そのリスクをおかしてでも、世《よ》の中《なか》に伝《つた》えたい何《なに》かが、きみにはあるかな？

カップル専用《せんよう》アプリを使《つか》ってみたい

アドバイス

きみにとってマイナスになる点《てん》をしっかり理解《りかい》すべし

アップしたデータはなくならない

データは簡単《かんたん》にコピーできちゃうよ。「やっぱりやめよう」と思《おも》って消《け》したつもりでも、きみの知《し》らないところでだれかが保存《ほぞん》をしていて、勝手《かって》にどんどん広《ひろ》めてしまうこともあるよ。ネットに発表《はっぴょう》したことは、一生《いっしょう》きみについてまわる……、その覚悟《かくご》はあるかな？

こんなトラブルが起《お》こるかも

「幸《しあわ》せそうでくやしい」とねたまれ、しっとが原因《げんいん》のいじめにあうかも。

元《もと》カレが、「オレとの動画《どうが》をお前《まえ》の今《いま》カレに送《おく》るぞ」とおどしてくるかも。

将来《しょうらい》、子《こ》どものころにアップした動画《どうが》が問題《もんだい》になって、やりたい仕事《しごと》につけなくなるかも。

あなたの長《なが》い人生《じんせい》は、まだはじまったばかり

アップした動画《どうが》を、保護者《ほごしゃ》や先生《せんせい》に見《み》られる可能性《かのうせい》があるだけでなく、将来《しょうらい》のきみの子《こ》どもや、結婚相手《けっこんあいて》、仕事先《しごとさき》の人《ひと》も見《み》るかもしれないんだ。その全員《ぜんいん》に見《み》られても大丈夫《だいじょうぶ》と言《い》えるかな？

将来《しょうらい》の自分《じぶん》を苦《くる》しめる可能性《かのうせい》が高《たか》い……。
少《すく》なくともきみは、アイドルとは結婚《けっこん》できなくなっちゃうぞ！

コンピュータウイルスに感染《かんせん》してしまった！

こんなことからウイルスに感染《かんせん》してしまうよ

- メールに付《つ》いているファイルを開《ひら》いた
- メールやSNSに書《か》かれたURL《ユーアールエル》をクリックした
- ウイルスがしかけられたサイトを見《み》た
- ゲームや動画《どうが》をダウンロードして開《ひら》いた

※ URL《ユーアールエル》とはウェブサイトのアドレス（住所《じゅうしょ》）のこと。クリックするとそのウェブサイトが開《ひら》くことも。

友達《ともたち》のSNSがのっとられ、だれかが友達《ともだち》になりすましてメッセージを送《おく》ってくる場合《ばあい》もあるんだ。知《し》っている人《ひと》からのメッセージでも、あやしいと思《おも》ったら注意《ちゅうい》して！

ウイルスに感染《かんせん》すると、こんなことが起《お》こる

パソコンがとつぜん動《うご》かなくなる

画面上《がめんじょう》にあやしい広告《こうこく》が表示《ひょうじ》される

データをぬき取《と》られる

データが消《き》えてしまう

ウイルスに感染《かんせん》してしまったら……

保護者《ほごしゃ》に報告《ほうこく》して、ウイルスを駆除《くじょ》してもらおう。

感染《かんせん》をふせぐため、ウイルス対策《たいさく》ソフトを入《い》れておこう！

感染《かんせん》したことに気《き》がつかないと、きみのパソコンやスマホが勝手《かって》に、きみの友達《ともだち》にウイルス付《つ》きのメールを送《おく》ってしまうこともあるよ！

これってワンクリック詐欺《さぎ》!?

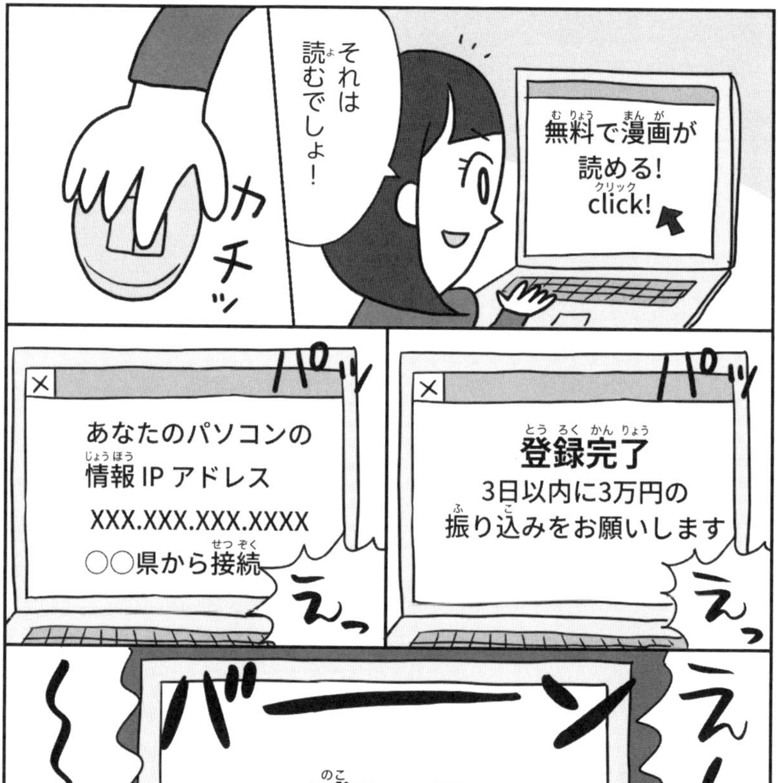

あやしいURL《ユーアールエル》はクリックしてはダメ

こんな画面《がめん》に気《き》をつけて

クリックしてしまったら、すぐに保護者《ほごしゃ》に相談《そうだん》しよう！

こんなサイトは
あぶないぞ

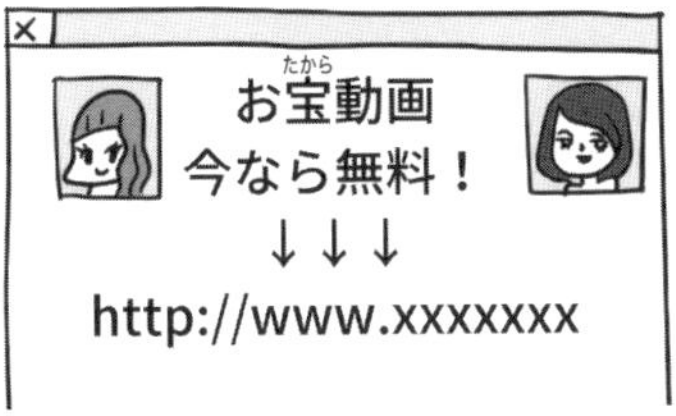

身《み》におぼえのない
メールは危険《きけん》！

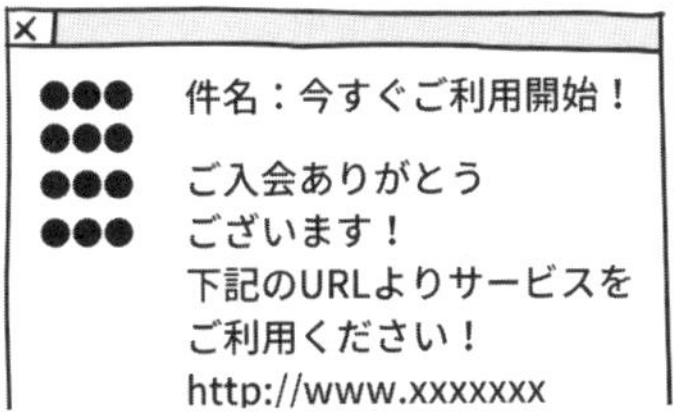

あせらない、はらわない、無視《むし》する

・お金《かね》をはらう必要《ひつよう》はない

かならず無視《むし》しよう。一度《いちど》はらうと何度《なんど》も要求《ようきゅう》されるよ。

・「個人情報《こじんじょうほう》を取《と》りました」はウソ

あせって相手《あいて》に連絡《れんらく》をするのは絶対《ぜったい》にダメ！　「あなたの個人情報《こじんじょうほう》を取《と》りました」はウソ。連絡《れんらく》をするとかえって個人情報《こじんじょうほう》を知《し》られてしまう。連絡《れんらく》は絶対《ぜったい》にしないで。

あやしいサイトを見《み》ていて保護者《ほごしゃ》に言《い》いづらいなら、話《はな》しやすい大人《おとな》に相談《そうだん》しよう。

迷《めい》惑《わく》メールが大量《たいりょう》に届《とど》くようになった

迷惑《めいわく》メールをふせぐには……

なぜ迷惑《めいわく》メールがくるのだろう？

理由《りゆう》1 アドレス集《あつ》めを目的《もくてき》にしているサイトに登録《とうろく》してしまった。

理由《りゆう》2 ネット掲示板《けいじばん》やブログにアドレスを書《か》いてしまった。

理由《りゆう》3 パソコンがウイルスに感染《かんせん》していて、アドレス帳《ちょう》をぬき取《と》られた。

メールアドレスを登録《とうろく》するときは要注意《ようちゅうい》

アドレス集《あつ》めを目的《もくてき》にしているサイトは、集《あつ》めた情報《じょうほう》を売《う》っているんだ。
表向《おもてむ》きはわからないようにしていて判断《はんだん》は難《むずか》しい。保護者《ほごしゃ》といっしょによくたしかめて。

とくちょう1 もらえるポイントが多《おお》すぎる、
応募《おうぼ》して当《あ》たるプレゼントが豪華《ごうか》すぎる。

とくちょう2 サイトを運営《うんえい》している会社名《かいしゃめい》や電話番号《でんわばんごう》を
検索《けんさく》すると、悪《わる》い評判《ひょうばん》がでてくる。

迷惑《めいわく》メールが届《とど》かないようにするには？

メールの設定《せってい》で**受信拒否《じゅしんきょひ》**ができるよ。くわしい大人《おとな》にやってもらおう。

迷惑《めいわく》メールに
絶対返信《ぜったいへんしん》しちゃダメ！

書《か》かれているURL《ユーアールエル》を
クリックしてもダメ！

「このメールが届《とど》かないようにしたい場合《ばあい》は、このアドレスに連絡《れんらく》ください」と書《か》かれていることも。それもウソだよ。
連絡《れんらく》をとると詐欺《さぎ》にまきこまれる危険性大《きけんせいだい》！

芸《げい》能《のう》人《じん》からメールが届《とど》いた!?

そのメールは絶対《ぜったい》にニセモノ！！

SNSなどで芸能人《げいのうじん》とやりとりができる今《いま》、メールが届《とど》いたとき「もしかして本物《ほんもの》！？」って思《おも》ってしまうかもしれない。でも、絶対《ぜったい》にニセモノだから、信《しん》じてはダメ！

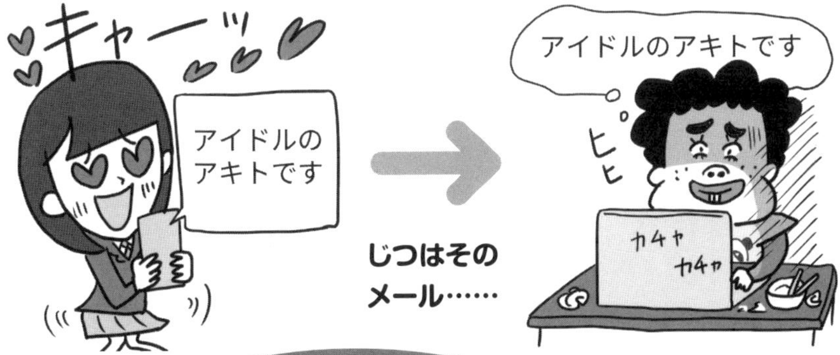

じつはそのメール……

メッセンジャーアプリで届《とど》くこともある！会《あ》えそうな雰囲気《ふんいき》をだしてくるけれど、だまされないで

信《しん》じてしまうと大変《たいへん》！

相手《あいて》にメッセージを送《おく》るごとに、お金《かね》を要求《ようきゅう》された

返信《へんしん》したら迷惑《めいわく》メールが大量《たいりょう》にくるように！

「ばーか」と返信《へんしん》して大量《たいりょう》の迷惑《めいわく》メールがくるようになった例《れい》も。信《しん》じていなくても、なりすましメールには返信《へんしん》しちゃダメ！

「芸《げい》能《のう》人《じん》になりませんか?」というメールがきた

それはお金《かね》をはらわせたいだけの詐欺《さぎ》メール

きちんとした芸能《げいのう》プロダクションがとつぜんメールしてくることはまずありえない。芸能人《げいのうじん》への憧《あこが》れにつけこんだ詐欺《さぎ》だ。お金《かね》をはらうだけで終《お》わってしまう可能性《かのうせい》が高《たか》いよ。

書《か》いてあったレッスン会場《かいじょう》に行《い》ってみると…

もしお金《かね》をはらってしまったら……

保護者《ほごしゃ》といっしょに**警察《けいさつ》に通報《つうほう》**しよう。
でも、お金《かね》はもどってこないと考《かんが》えたほうがいいよ。

期待《きたい》したい気持《きも》ちはわかる……。でも、あまい言葉《ことば》にだまされちゃダメ！

チェーンメールが届《とど》いた

書《か》いてあることはデタラメ

「○人《にん》に回《まわ》して」というメールは「チェーンメール」という迷惑《めいわく》メール。幸《しあわ》せや不幸《ふこう》になる効果《こうか》はまったくないし、回《まわ》すことに意味《いみ》はないから、きみのところで止《と》めよう。

ほかの人《ひと》に回《まわ》せば、ウソの情報《じょうほう》を広《ひろ》げてしまう。きみの信用《しんよう》を落《お》とすことになるよ。

こんなチェーンメールがある

URL《ユーアールエル》が書《か》かれていてもクリックしないで。**ワンクリック詐欺《さぎ》**（くわしくは P59 へ！）などトラブルにまきこまれてしまうよ！

おどかす

- 「回《まわ》すとよいことが起《お》こる、回《まわ》さないと不幸《ふこう》になる」などと書《か》いてある。
- 「このメールを読《よ》んでしまいましたね」と書《か》いてあり、回《まわ》さないと「呪《のろ》われる」と脅《おど》す。

親切《しんせつ》をよそおう

- 「こまっている人のために、たくさんの人《ひと》に知《し》らせてあげよう」という内容《ないよう》。

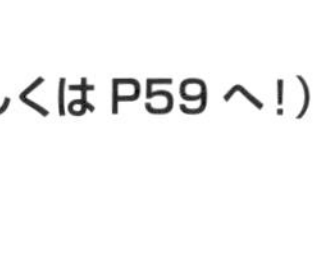

「○○が危険《きけん》だから気《き》をつけて」など、親切《しんせつ》をよそおうパターンは、災害《さいがい》が起《お》きたときに多《おお》い。心配《しんぱい》でも、本当《ほんとう》かどうかたしかめられないなら回《まわ》すのはやめておこう。

こんなネットのトラブルにあった！

はやと

住《す》んでいる場所《ばしょ》がバレてしまった

ぼくは動画《どうが》サイトに自分《じぶん》のことを撮《と》ってアップしている人《ひと》にあこがれてたんだ。

それでマネをして、学校《がっこう》の帰《かえ》りに撮《と》った動画《どうが》をSNSにアップしてみた。歩《ある》きながら友達《ともだち》としゃべってるだけのやつだけどね。

けっこうたくさんの人《ひと》に見《み》てもらえてよろこんでたら、とちゅうから「これ青空小学校《あおぞらしょうがっこう》のあたり？」って書《か》かれちゃって……。通学路《つうがくろ》にあるお店《みせ》の看板《かんばん》が写《うつ》りこんでて、それでバレちゃったみたい。

あわてて動画《どうが》を消《け》したけど、怖《こわ》かったよ。

だいき

怖《こわ》いサイトにアクセスしてしまった

見《み》るつもりはないサイトにアクセスしちゃって、怖《こわ》いサイトにたどりついちゃったんだ。ふつうにインターネットをしているだけだったんだけど、まちがってクリックしちゃったのかなぁ。

オレが見《み》たのは、怖《こわ》い画像《がぞう》がたくさん貼《は》られているサイトだった。今《いま》も思《おも》い出《だ》すし、寝《ね》る前《まえ》に頭《あたま》にうかんじゃったらもう最悪《さいあく》。

そのことがあってから、親《おや》に「フィルタリングサービス」っていうのをパソコンに入《い》れてもらって、害《がい》がありそうなサイトにはアクセスできないようになったんだ。

暴力系《ぼうりょくけい》のサイトや詐欺《さぎ》サイトとか、怖《こわ》いサイトってたくさんあるらしい。

もう二度《ど》と同《おな》じ思《おも》いはしたくないぜ……。

違法《いほう》ダウンロードをしちゃった

まなみ

わたしは、まずいかもって思《おも》ったんだけど、どうしても読《よ》みたくて、個人《こじん》がアップしたマンガを無料《むりょう》ダウンロードしちゃったことがあるの。お兄《にい》ちゃんに「それ、法律違反《ほうりついはん》だ」って言《い》われてギクッ。サイトにアップした人《ひと》だけじゃなくて、ダウンロードした人《ひと》も罰《ばっ》せられるんだって。知《し》らなかった……。本当《ほんとう》ならお金《かね》をはらって読《よ》むマンガを無料《むりょう》で読《よ》むのは、著作権法《ちょさくけんほう》っていう法律《ほうりつ》に違反《いはん》するんだってね。

マンガのほかにアニメや音楽《おんがく》、ゲームも違法《いほう》にアップされているみたい。ダウンロードしたデータにウイルスが仕込《しこ》まれていることもあるらしいから、気《き》をつけようと思《おも》ったよ。

それ犯罪だぞ
え!?

こわいよ〜〜

げっ
下校中
コメント
これ青空小学校のあたり？

著作権《ちょさくけん》って？

作品《さくひん》をつくった人《ひと》などには「著作権《ちょさくけん》」という権利《けんり》がある。作品《さくひん》を許可《きょか》なく公表《こうひょう》することはできないよ。

便利《べんり》なインターネットだけど、トラブルも多《おお》い。危険《きけん》を知《し》ってかしこく使《つか》おう！

気《き》をつけよう

やったらアウト！ The《ザ》リスト

著作物《ちょさくぶつ》を許可《きょか》なくアップする

アニメ、音楽《おんがく》、マンガ、小説《しょうせつ》などの作品《さくひん》（著作物《ちょさくぶつ》）を許可《きょか》なくネットにアップする。

公表《こうひょう》する権利《けんり》は作者《さくしゃ》など著作権者《ちょさくけんじゃ》にある。勝手《かって》にアップすることは、著作権法《ちょさくけんほう》という法律《ほうりつ》に違反《いはん》すること。

違法《いほう》サイトからダウンロードする

法律《ほうりつ》に違反《いはん》してアップされていると知《し》りながら、アニメや音楽《おんがく》をダウンロードする。

著作権者《ちょさくけんじゃ》の許可《きょか》なく勝手《かって》にアップするのは犯罪《はんざい》。それをわかっていてダウンロードするのも、犯罪《はんざい》なんだよ。

犯行予告《はんこうよこく》をする

「○○小学校《しょうがっこう》をおそう！！」など犯行予告《はんこうよこく》を書《か》きこむ。

あとから「なーんちゃって」と書《か》いても手《て》おくれだよ！ たとえいたずらでも、だれかを脅《おど》すことは犯罪《はんざい》になるんだ。

他人《たにん》の個人情報《こじんじょうほう》をネット上《じょう》に書《か》く

ほかの人《ひと》の個人情報《こじんじょうほう》（住所《じゅうしょ》や電話番号《でんわばんごう》はもちろん、家族《かぞく》の話《はなし》などの個人的《こじんてき》なこと）を許可《きょか》なく書《か》きこむ。

情報《じょうほう》をさらされた人《ひと》の不利益《ふりえき》になるとして名誉毀損《めいよきそん》、プライバシー権侵害《けんしんがい》とされる。

他人《たにん》の文章《ぶんしょう》をコピーする

ほかの人《ひと》が書《か》いた文章《ぶんしょう》をコピーして、自分《じぶん》が書《か》いたかのようにブログなどにのせる。

これは著作権法違反《ちょさくけんほういはん》で罰《ば》っせられる行為《こうい》。文章《ぶんしょう》を盗《ぬす》むのも、どろぼうしたのと同《おな》じなんだよ。

他人《たにん》が写《うつ》った写真《しゃしん》を勝手《かって》にアップする

ほかの人《ひと》が写《うつ》った写真《しゃしん》を本人《ほんにん》の許可《きょか》なくSNSやブログにアップする。

ぐうぜん写《うつ》りこんだ人物《じんぶつ》も、顔《かお》が写《うつ》っていたら、勝手《かって》に使《つか》わないで。どうしても使《つか》いたいなら、だれだかわからないように加工《かこう》しよう。

※ 人《ひと》の顔《かお》や姿《すがた》には「**肖像権《しょうぞうけん》**」という権利《けんり》が認《みと》められる。許可《きょか》なく公表《こうひょう》されない権利《けんり》だよ。

**マナーやルール違反《いはん》ではなく、犯罪《はんざい》に当《あ》たるものも！
やったら逮捕《たいほ》されることもあるよ。**

人生《じんせい》の先輩《せんぱい》！　保護者《ほごしゃ》も意外《いがい》とたよりになる

インターネットについて、きみと保護者《ほごしゃ》だったらどっちがくわしいかな？

もしかして、きみのほうがずっとくわしいかもしれないね。「うちの親《おや》はぜんぜんわかってない」と思《おも》っている人《ひと》もいるかもしれない。

でも、大人《おとな》をあなどることなかれ‼

人生経験《じんせいけいけん》は、保護者《ほごしゃ》のほうが圧倒的《あっとうてき》に多《おお》く積《つ》んでいるよね。

危険《きけん》だらけのインターネットというジャングルを歩《ある》くときに「これはなんだかあやしいぞ！」と感《かん》じるアンテナは、くやしいけどきみより何倍《なんばい》かすぐれている。年《とし》の功《こう》ってやつだね。

何《なに》か起《お》きたときにどうしたらいいかも、保護者《ほごしゃ》のほうがわかることが多《おお》い。

だから、何《なに》かあったときには、まよわず保護者《ほごしゃ》をたよってほしい。

もし言《い》いにくいことだったら、親戚《しんせき》や先《せん》生《せい》、友達《ともだち》の親《おや》でもいい、近《ちか》くの大人《おとな》にかならず相談《そうだん》して。きっと、力《ちから》になってくれるはずだよ。

人生の荒波をン十年も
わたってきたんだ!!
知恵ならまかせて！

第《だい》4章《しょう》

ネットにまつわる おなやみアレコレ

みんな、なやみをかかえているみたい……

フラ
フラ〜
ドタ
バタ
……
インターネットって、危険《きけん》がいっぱいなんだね
危険《きけん》があることも知《し》っておくことが、インターネットを楽《たの》しく使《つか》うための第一歩《だいいっぽ》なんだ

インターネットを上手《じょうず》に使《つか》えるようになったら、世界《せかい》が広《ひろ》がるってゆうた兄《にい》ちゃんも言《い》ってた
ムクッ
ひで！インターネットは世界‼ぜよ！
ぜよ…！
↑いとこのゆうた兄ちゃん
わからないことだらけで傷《きず》だらけになったかもしれないけど、小《ちい》さく失敗《しっぱい》していくのはいいこと
運動《うんどう》や勉強《べんきょう》といっしょだね
楽《たの》しいだけじゃないのもね……
ここからは、ふたりのトラブルとはまたちがった、
みんなもなやんでるのね
ほかの人《ひと》のなやみき解決《かいけつ》していくよ！
ワー
ワー
ワー
ワー

スマホもパソコンももってないから、仲間《なかま》はずれになりそう

どうどうと「もってない」と言《い》って大丈夫《だいじょうぶ》

きみは少数派《しょうすうは》ではない

小《しょう》・中学生《ちゅうがくせい》なら、携帯《けいたい》をもっていない人《ひと》が多《おお》い。たまたま、なかよしグループの子《こ》たちがもっているだけ。そもそも、はずかしいことではないから、きっぱり「もってない」と言《い》っていい。

友達《ともだち》に事情《じじょう》を説明《せつめい》しよう

「保護者《ほごしゃ》の方針《ほうしん》で買《か》ってもらえない」など説明《せつめい》を。きみの力《ちから》でどうにかなることではないから、友達《ともだち》なら理解《りかい》してくれるはず。メールなどが使《つか》えないから、連絡《れんらく》をもらいたいときは「電話《でんわ》ちょうだい」「直接《ちょくせつ》言《い》って」と伝《つた》えよう。

買《か》ってもらえそうなタイミングは?

塾《じゅく》に行《い》きはじめたときや、高校生《こうこうせい》になったときなどにもつ人《ひと》が多《おお》いみたい。
チャンスがきたら、次《つぎ》のページからの「家庭《かてい》でのルールの決《き》め方《かた》」を参考《さんこう》に保護者《ほごしゃ》と相談《そうだん》しよう。

スマホをもつ、もたないは、個人《こじん》の自由《じゆう》。引《ひ》け目《め》を感《かん》じる必要《ひつよう》はまったくないよ。

スマホをもつときの家庭《かてい》でのルールの決《き》め方《かた》

ルールをしっかり決《き》めると保護者《ほごしゃ》は安心《あんしん》するよ。きちんと守《まも》っていたら信頼《しんらい》されて、きみはスムーズに使《つか》える。不自由《ふじゆう》に感《かん》じるかもしれないけれど、トラブルにあわなくてすむし、じつは得《とく》だらけなんだ。

保護者《ほごしゃ》はこんなことを心配《しんぱい》している

成績《せいせき》が落《お》ちるかも

お金《かね》はいくらかかるか

スマホ中毒《ちゅうどく》にならないか

知《し》らない人《ひと》と連絡《れんらく》をとらないか

ネットのトラブルにまきこまれないか

スマホが勉強《べんきょう》に役立《やくだ》つことも。かしこくスマホを使《つか》えるといいね

便利《べんり》なアプリを活用《かつよう》

- 英単語《えいたんご》や漢字《かんじ》の勉強《べんきょう》ができるアプリ
- 数学《すうがく》クイズのアプリ
- 歴史問答《れきしもんどう》アプリ
- 勉強時間《べんきょうじかん》を記録《きろく》するアプリ

ネットで塾《じゅく》の授業《じゅぎょう》が見《み》られる

- 塾《じゅく》に通《かよ》うよりも安《やす》く視聴《しちょう》できる

ダウンロードするときは、お金《かね》がかかるかどうか、ウイルスなどが仕込《しこ》まれていないかなどに気《き》をつけて！

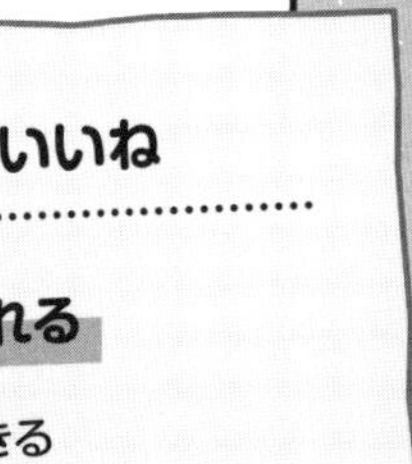

たとえば、こんなルールを提案《ていあん》してみて

使《つか》う場所《ばしょ》を決《き》める

・リビングでだけ使《つか》います

・自分《じぶん》の部屋《へや》にもちこみません

使《つか》う時間《じかん》を決《き》める

・宿題《しゅくだい》が終《お》わって、晩《ばん》ごはんを食《た》べ終《お》わったら30分《ぷん》だけ使《つか》います

・夜《よる》は9時《じ》までしか使《つか》いません

「しません」の約束《やくそく》

・食事中《しょくじちゅう》は使《つか》いません

・学校《がっこう》にもっていきません

・課金《かきん》を勝手《かって》にしません

「します」の約束《やくそく》

・今《いま》の成績《せいせき》をキープします

・リアルで知《し》っている人《ひと》とだけ連絡《れんらく》します

・使《つか》ってよいアプリを決《き》めます

※リアルとは現実《げんじつ》の世界《せかい》を意味《いみ》する。

その1！
学校にもって
行きません！

「塾《じゅく》で10位以内《いいない》をキープします」って約束《やくそく》している子《こ》もいるよ
夜《よる》はリビングで充電《じゅうでん》しておくって人《ひと》が多《おお》いみたい！

勉強

ネットのルール・危険《きけん》・注意点《ちゅういてん》のことはこの本《ほん》でしっかり勉強《べんきょう》しておこう！

第4章

既読《きどく》スルーをされた

※既読《きどく》スルーとは、内容《ないよう》を読《よ》んだ印《しるし》がついているのに返信《へんしん》しないこと。

「読《よ》めるけど返《かえ》せない」ということもある

メールやメッセージは、都合《つごう》のいいときに読《よ》んで返《かえ》すもの

「読《よ》んだけど、返信《へんしん》はできない」ということ、あるよね。また、家庭《かてい》ごとにルールがちがうので、そこも理解《りかい》しよう。

たとえば…

きみが既読《きどく》スルーしがちな場合《ばあい》は……

メッセンジャーアプリのプロフィールに「返事《へんじ》がおそくなってしまう」という内容《ないよう》を書《か》いておくのも手《て》だよ。

・できるだけ会《あ》ったときに話《はな》そう

実際《じっさい》に会《あ》って話《はな》すというリアルなコミュニケーションはとってもだいじ。「返事《へんじ》おそくなっちゃった」とストレートに言《い》えばOK。

・あらかじめ言《い》っておく

「わたし、返事《へんじ》おそいんだ」とか、「塾《じゅく》に行《い》っていて、夜《よる》の9時以降《じいこう》は使《つか》えない」など、理由《りゆう》があることを伝《つた》えよう。「朝《あさ》に返事《へんじ》をするようにするね」と言《い》うのもいいよ。

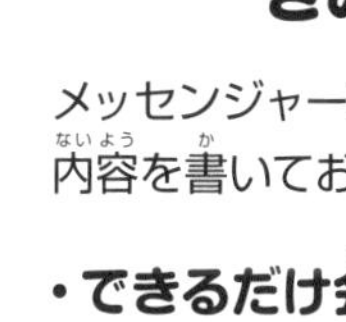

返事《へんじ》がこない理由《りゆう》はさまざま。事情《じじょう》があったり、返事《へんじ》になやんでいたり、いそがしかったりと、悪意《あくい》がない場合《ばあい》がほとんど。深《ふか》く考《かんが》えないほうがいいよ!

メッセンジャーアプリで、わたしだけ無視《むし》される

リアルで理由《りゆう》をさぐってみて。解決《かいけつ》が難《むずか》しければすぐSOS《エスオーエス》を出《だ》して

グループの子《こ》にきいてみる

グループの中《なか》で話《はな》しやすい子《こ》に、「わたしの発言《はつげん》だけ無視《むし》されているみたいなんだけど」と1対《たい》1できいてみよう。

1対《たい》1というのがポイントだよ！無視《むし》しようとしているのが、みんななのか、特定《とくてい》のだれかなのか、その理由《りゆう》などがわかるかもしれない。

グループに入《はい》っていない子《こ》にきいてみる

グループの子《こ》にききづらかったら、入《はい》っていない子《こ》にきいてみるのもいいよ。「最近《さいきん》何《なに》かわたしのこときいてない?」と相談《そうだん》してみよう。何《なに》か情報《じょうほう》がわかるかも。

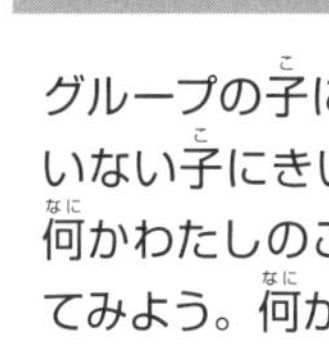

理由《りゆう》がわかれば解決《かいけつ》できるかもしれないけど、難《むずか》しい場合《ばあい》は大人《おとな》に相談《そうだん》しよう。画面《がめん》を撮《と》っておくと証拠《しょうこ》になるよ。

「ネットいじめ」って何《なに》？被害《ひがい》にあってしまったら……

これって「ネットいじめ」かも

「ネットいじめ」とは、メッセンジャーアプリ、SNS、ブログ、ネット掲示板《けいじばん》などを使《つか》ってするいじめ。日本《にほん》だけでなく世界《せかい》の国々《くにぐに》でも深刻《しんこく》な問題《もんだい》となっており、苦《くる》しんでいる子《こ》どもが大勢《おおぜい》いる。

ネット掲示板《けいじばん》などで……

ネットでは匿名《とくめい》で発言《はつげん》できるからエスカレートしやすいんだよ。

悪口《わるくち》を書《か》かれた

ウソを書《か》かれた

245 とくめいくん
青空中学の2年2組の
○△って、まじクソ！
246 ななしさん
だね！
247 ふくめんおとこ
www

個人情報《こじんじょうほう》を投稿《とうこう》された

メッセンジャーアプリで……

「ふだんなかよくしているはずなのに、自分《じぶん》だけメッセンジャーアプリのグループに入《い》れてもらえない、そこで悪口《わるくち》を言《い》われているようだ」などさまざまなケースが。

グループの中《なか》で、自分《じぶん》に向《む》けていっせいに悪口《わるくち》を書《か》かれる

きのうメッセンジャーでさー
??
ハイハイハイ

何《なに》を送《おく》っても、悪口《わるくち》が返《かえ》ってくる

グループから強制退会《きょうせいたいかい》させられた

ネットいじめはとっても卑怯《ひきょう》

スマホですぐ送《おく》れるから、いつでもどこでも、いじめることができる。
そして、いじめを受《う》ける側《がわ》は 24 時間《じかん》つらい思《おも》いをすることになる。

リアルないじめといっしょに起《お》こっている

ネットいじめは、学校《がっこう》などのリアルな場《ば》でのトラブルといっしょになって起《お》きることが多《おお》い。スマホでのやりとりを解決《かいけつ》しようとするのではなく、リアルな生活《せいかつ》でのトラブルにも目《め》を向《む》けるべき。すぐに大人《おとな》に相談《そうだん》しよう。

保護者《ほごしゃ》や先生《せんせい》に相談《そうだん》するときは……

証拠《しょうこ》を残《のこ》しておくようにするといいよ。
メッセンジャーアプリでのやりとりや掲示板《けいじばん》の画面《がめん》をスクリーンショット（画面《がめん》を画像《がぞう》として保存《ほぞん》したもの）で残《のこ》しておこう。スマホの場合《ばあい》、電源《でんげん》ボタンと音量《おんりょう》ボタンを同時《どうじ》に押《お》すなどで撮《と》れるよ。それを見《み》せながら説明《せつめい》すると伝《つた》わりやすい。

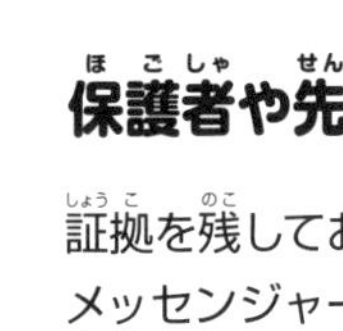

思《おも》いきって相談《そうだん》してほしい。問題《もんだい》のある投稿《とうこう》は、大人《おとな》からサイトの管理者《かんりしゃ》やプロバイダーに連絡《れんらく》してもらって削除《さくじょ》してもらおう。P127 の相談窓口《そうだんまどぐち》などに SOS《エスオーエス》 を出《だ》すのも手《て》。

※**プロバイダー**とは、ネットに接続《せつぞく》するサービスを提供《ていきょう》する会社《かいしゃ》のこと。

SNSやメッセンジャーアプリにまつわる人間関係《にんげんかんけい》のトラブル

参加《さんか》メンバー

まゆ
家《いえ》のルールがきびしい

ようた
SNSに投稿《とうこう》した内容《ないよう》を誤解《ごかい》されたことがある

こころ
ネットいじめにあったことがある

ようた みんなはSNSのトラブルにあったことはある?

まゆ わたしはあったことはないけど、家《いえ》のルールがきびしくて……。

こころ どんなルールなの?

まゆ 1日《にち》30分《ぷん》しかスマホを使《つか》っちゃダメって言《い》われてる。

ようた あぁ、そういうルールの人《ひと》、けっこういるよね。

まゆ だから、その時間《じかん》が過《す》ぎたら、次《つぎ》に友達《ともだち》に返《へん》事《じ》ができるのが翌日《よくじつ》になっちゃうんだよね。返事《へんじ》がおそくて悪口《わるくち》を言《い》われないか不安《ふあん》で……。

こころ
高校生《こうこうせい》になるまでは、自由《じゆう》に使《つか》えないって人《ひと》が多《おお》いみたいだから、まゆちゃんだけじゃないと思《おも》うよ。

まゆ
そうかなぁ。ようたくんは、トラブルにあったことある?

ようた
オレは、SNSで友達《ともだち》に誤解《ごかい》をされちゃったことがあるんだよね。

こころ
メッセンジャーアプリじゃないんだ。

ようた
うん。オレ、SNSで友達《ともだち》とやりとりするのが楽《たの》しくてハマってるのね。もちろん自分《じぶん》のことも書《か》くんだけどさ。それである日《ひ》、友達《ともだち》と家《いえ》で遊《あそ》んだ日《ひ》があったんだけど、友達《ともだち》が帰《かえ》った直後《ちょくご》に、お母《かあ》さんに「ゲームはちゃんとかたづけてよ!」って注意《ちゅうい》されてさ。

まゆ
今《いま》やろうと思《おも》ってたのに! ってやつ?

こころ
すっごいやる気《き》なくすよね(笑《わらい》)

ようた
そうそう! それで頭《あたま》にきてSNSに「マジうざかった」みたいなこと書《か》いちゃったの。そしたら直前《ちょくぜん》まで遊《あそ》んでた友達《ともだち》がそれを見《み》てさ。「オレのこと?」って思《おも》ったらしい。

まゆ
あぁ~、あるかもね。どうやって誤解《ごかい》をといたの?

ようた
次《つぎ》の日《ひ》学校《がっこう》に行《い》ったら友達《ともだち》がすごい怒《おこ》ってて、「見《み》たぞ」って言《い》われて。なんのことかわからなくて、話《はなし》をきいたらそういうことだった。

こころ 直接《ちょくせつ》言《い》ってもらえてよかったね。

ようた 今思《いまおも》えばね。そのときはドキッとしたけど（笑《わら》）。それからはSNSには悪口《わるくち》やネガティブなことは書《か》かないようにしてる。

まゆ なるほど。こころちゃんはどう？

こころ わたしはじつは、ネットいじめっぽいのにあったことがあるんだ。

ようた ええ!?　ひどい！

こころ わたしは5人《にん》グループなんだけど、グループの中《なか》でわたしだけちょっと浮《う》いてるなって感《かん》じてたときがあって。

まゆ わかる〜。そういう時期《じき》あるよね。

こころ その5人《にん》のメッセンジャーアプリのグループがあるんだけど、わたしをぬいた4人《にん》のグループがあることがある日《ひ》わかって……。

ようた なんでわかったの？

こころ リーダーっぽい子《こ》が「昨日《きのう》のメッセンジャーの写真《しゃしん》、最高《さいこう》に笑《わら》えた」とか言《い》ってたの。わたしはその話《はなし》知《し》らなくて。それで「おかしいな」って思《おも》いはじめて、わかった感《かん》じかな。

まゆ そこからどうしたの!?

こころ わたし、グループの子以外《こいがい》ともけっこうなかよくしてたから、べつのグループの子《こ》に「何《なに》かきいてない？」って相談《そうだん》してみたの。そしたら、たくさん話《はなし》をきいてくれ

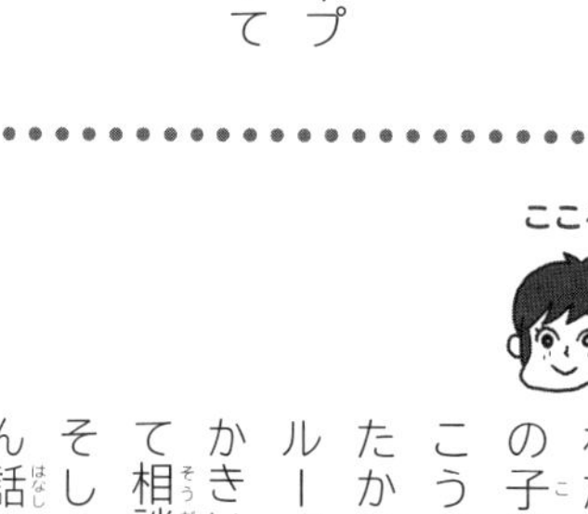

て、今《いま》はその子《こ》たちのほうがなかがいいかも。

まゆ

こころちゃん、強《つよ》いね！

こころ

今《いま》のグループをはなれるのは怖《こわ》かったけど……えいって感《かん》じで（笑《わらい》）。仲間《なかま》はずれにされてるなら、そこにいる意味《いみ》ないしね。

ようた

なかよく遊《あそ》べる子《こ》といっしょにいたほうがいいよね。

こころ

うん。このことがあってから、ネットのいじめについてけっこう調《しら》べたんだけど、もっとひどいのもあるみたい。そうしたら先生《せんせい》とか親《おや》に相談《そうだん》したほうがいいよね。

みんな、いろいろな経験《けいけん》をしているみたいだね。トラブルが起《お》きたり、「これっていじめ?」と思《おも》ったりしたら、すぐに大人《おとな》に相談《そうだん》しよう!

第4章

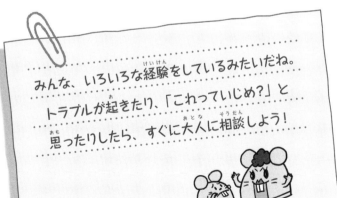

SNSでの反応《はんのう》が気《き》になってしかたがない

だらだらスマホをやめる方法《ほうほう》

スマホは気《き》になっちゃうもの! 「気《き》にしないようにする」のではなく、具体的《ぐたいてき》にこんなことをしてみてね。

時間《じかん》を決《き》めて使《つか》う

自分《じぶん》でかくす

電源《でんげん》を切《き》る

保護者《ほごしゃ》にあずける

だらだらとスマホを使《つか》って、勉強時間《べんきょうじかん》と寝《ね》る時間《じかん》が短《みじか》くなり、成績《せいせき》が下《さ》がる――。これが、スマホをもったきみたちに起《お》こる、悲劇《ひげき》の王道《おうどう》パターンなのだ。今《いま》、きみにとってだいじなことは何《なに》かな? だいじなことをいつもわすれないようにしよう。そうすると、スマホをさわっている時間《じかん》がもったいなく思《おも》えるよ。

! やりとりを終《お》わらせるコツ

こうすれば、無視《むし》していることにはならずにやめられるね。

! 使《つか》った時間《じかん》を知《し》っておくのも効果的《こうかてき》

スマホを使《つか》った時間《じかん》を記録《きろく》するアプリもあるよ。

スマホには、大人《おとな》でも陥《おちい》りがちな中毒性《ちゅうどくせい》がある。今《いま》の自分《じぶん》にとって本当《ほんとう》にだいじなことをわすれないで!

スマホ中毒度《ちゅうどくど》チェック！

少《すこ》しでも当《あ》てはまったら、スマホ中毒《ちゅうどく》かも

□ 気《き》がつくと、思《おも》っていたよりも長《なが》い時間《じかん》、スマホをさわっていることがある

□ 家族《かぞく》や友達《ともだち》と過《す》ごすよりも、スマホをさわりたいと思《おも》うことがある

□ 家族《かぞく》などのまわりの人《ひと》から、スマホの使《つか》いすぎについて注意《ちゅうい》されたことがある

□ スマホを使《つか》っている時間《じかん》が長《なが》いせいで、学校《がっこう》の成績《せいせき》や睡眠時間《すいみんじかん》に影響《えいきょう》がでている

□ スマホで何《なに》をしているのかきかれたときに、言《い》い訳《わけ》をしたり、かくそうとしたりする

□ スマホのない生活《せいかつ》は、退屈《たいくつ》だろうと不安《ふあん》に思《おも》うことがある

□ スマホをさわっている最中《さいちゅう》に、だれかにじゃまをされるとイライラしたり怒《おこ》ったりする

□ スマホがないときでも、スマホのことを考《かんが》えてぼんやりしたり、ネットをしているところを空想《くうそう》することがある

□ スマホをさわる時間《じかん》を短《みじか》くしようとしても、できないことがある

□ スマホをさわっていないと落《お》ちこんだ気持《きも》ちになったり、イライラしたりしても、スマホをさわるとその気持《きも》ちが消《き》えることがある

＊参考文献：『ソーシャルメディア中毒』（高橋暁子・著、幻冬舎）

スマホ中毒《ちゅうどく》ってダメなの？

お酒《さけ》やタバコの依存症《いぞんしょう》とちがって、悪《わる》い影響《えいきょう》はないと思《おも》っているかな。「スマホにハマるのって、アイドルやアニメにハマるのといっしょじゃないの」と考《かんが》える人《ひと》もいるかもしれない。しかし、その考《かんが》えは、ちょっとちがう。スマホ中毒《ちゅうどく》になると、こんなによくない症状《しょうじょう》がでる可能性《かのうせい》があるんだ。

視力低下《しりょくていか》

ぼや〜

肩《かた》こり

疲《つか》れがとれない

運動不足《うんどうぶそく》による
肥満《ひまん》と体力《たいりょく》の低下《ていか》

ハァハァ

昼夜逆転《ちゅうやぎゃくてん》

寝不足《ねぶそく》
すいみん障害《しょうがい》

学校《がっこう》の遅刻《ちこく》、欠席《けっせき》
／授業中《じゅぎょうちゅう》の居眠《いねむ》り

成績《せいせき》が落《お》ちる

学校《がっこう》に行《い》きたく
なくなる

学校よ!
ドンドン

友達《ともだち》とケンカするなど
人間関係《にんげんかんけい》にひび

ネットのことしか
考《かんが》えることがなくなって
しまったら、
つまらないよね

チュー毒
チュー意!!

このように、健康面《けんこうめん》、精神面《せいしんめん》、社会生活《しゃかいせいかつ》、人間関係《にんげんかんけい》への悪影響《あくえいきょう》がでてしまうかもしれない。便利《べんり》で楽《たの》しいスマホだけど、このことを胸《むね》にきざんで、上手《じょうず》につきあっていってね。

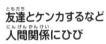

自撮《じど》り写真《しゃしん》の投稿《とうこう》がやめられない

SNSでの評価《ひょうか》は リアルの生活《せいかつ》には生《い》かされない

どうして自撮《じど》りをアップしてしまうんだろう

自撮《じど》りをアップして「かわいい」と言《い》われるとうれしい! この気持《きも》ちはよくわかる! とくに、自信《じしん》がない人《ひと》は、「奇《き》跡《せき》の1枚《まい》」を求《もと》めて自撮《じど》りをしまくってしまうものなんだ。アプリを使《つか》えば、かんたんに奇跡《きせき》の1枚《まい》が撮《と》れる。それをネットにアップして、「かわいい」と言《い》われて、自信《じしん》を高《たか》める──。でも、これってあくまでも、仮想《かそう》の世界《せかい》でのこと。“本当《ほんとう》の自分《じぶん》”ではないとわかっているから、くりかえしてしまうんだ。

危険《きけん》と隣《とな》り合《あ》わせということをわすれないで

写真《しゃしん》から個人情報《こじんじょうほう》がもれて、ストーカー被害《ひがい》にあうこともある。
また、エスカレートしていくと、こんな危険《きけん》もあるんだ。

コメントでおだてられて……

どんどんエッチな自撮《じど》りに!

おどろかせたくて……

危険《きけん》な状況《じょうきょう》で撮《と》ってしまう

すごいと言《い》われたくて……

犯罪行為《はんざいこうい》をしてしまう

インターネットで反応《はんのう》や評価《ひょうか》を求《もと》めてしまうときは、リアルな生活《せいかつ》が満《み》たされていないことが多《おお》い。現実《げんじつ》の世界《せかい》を充実《じゅうじつ》させれば自撮《じど》りをやめられるはず。

ネット上《じょう》とリアルのキャラがちがう

アドバイス!

リアルの生活《せいかつ》で、自分《じぶん》を出《だ》せる相手《あいて》を見《み》つけよう

どうして苦《くる》しいと感《かん》じるんだろう？

どれも自分《じぶん》。一人《ひとり》の中《なか》にいろんな顔《かお》があるんだね。

“本当《ほんとう》の自分《じぶん》” というのは、いくつかある。教室《きょうしつ》では明《あか》るいあなたも、ネットでは暗《くら》いあなたも、どちらも “本当《ほんとう》の自分《じぶん》” なんじゃないかな。その “本当《ほんとう》の自分《じぶん》” の全部《ぜんぶ》が出《だ》せないから、「リアルでは明《あか》るい自分《じぶん》を演《えん》じている」と感《かん》じてしまうのかもしれない。

明《あか》るい自分《じぶん》

どちらでもない自分《じぶん》

暗《くら》い自分《じぶん》

なかがいい子《こ》に、明《あか》るい以外《いがい》の面《めん》も出《だ》してみよう

リアルの生活《せいかつ》の中《なか》で、いつも見《み》せていない面《めん》や、自分《じぶん》でダメだと思《おも》うところを出《だ》してみよう。最初《さいしょ》は小出《こだ》しにしてみて、あなたが「話《はな》せそう」と思《おも》ったら打《う》ち明《あ》けてみて。相手《あいて》も「じつはわたしも……」となるかも。「親友《しんゆう》をつくる」って、そういうこと。

じつはね…
わたしもなの!!

友達《ともだち》に受《う》けとめてもらえたら、SNSに書《か》きたいという気持《きも》ちはなくなるかもしれないね。

第4章

親《おや》にメールを見《み》られた!

アドバイス!

なぜ親《おや》は見《み》たのか、考《かんが》えてみよう

親《おや》の心配《しんぱい》ポイントはこれ!

いじめにあっていないか

知《し》らない人《ひと》とやりとりをしていないか

だれとやりとりしているのか

あやしいサイトを見《み》たりしていないか

トラブルにまきこまれていないか

信頼《しんらい》してもらうには?

残念《ざんねん》だけど、信頼《しんらい》されていないから見《み》られてしまうんだね。「困《こま》ったときはかならず相談《そうだん》する」ということをしっかり伝《つた》えて「ルールとマナーは絶対守《ぜったいまも》るようにする。だから、プライバシーを守《まも》って見《み》ないでほしい」と言《い》おう。そうすれば「そこまでわかっているなら信用《しんよう》しよう」と思《おも》ってくれるかもしれない。そして、実際《じっさい》にトラブルがあったときは、すぐ相談《そうだん》しよう。失敗《しっぱい》を伝《つた》えて相談《そうだん》することが、信頼《しんらい》につながるよ。

ちゃんと ルールは 守るから!
約束よ!

ウザイかもしれないけれど、きみのことが心配《しんぱい》なんだ

P78の「家庭《かてい》でのルールの決《き》め方《かた》」も参考《さんこう》にしてみてね!

ネットで知《し》り合《あ》った人《ひと》に会《あ》ってもいいの？

基本《きほん》は会《あ》わない。会《あ》うならかならず保護者《ほごしゃ》といっしょに

顔写真《かおじゃしん》、性別《せいべつ》、年齢《ねんれい》、職業《しょくぎょう》など、プロフィールにはウソの情報《じょうほう》もまざっている。また、やりとりの中《なか》で「この人《ひと》、絶対《ぜったい》にいい人《ひと》だ!」と思《おも》わせることもかんたん。リアルではつきあわず、ネットでの関係《かんけい》を続《つづ》けることをおすすめするよ。

どうしても会《あ》うなら、年齢《ねんれい》が近《ちか》い同性《どうせい》の相手《あいて》と。そして、保護者《ほごしゃ》といっしょに

相手《あいて》とのやりとりやプロフィールを保護者《ほごしゃ》に見《み》せて、ウソをつかれていないか、あやしい人《ひと》ではないか判断《はんだん》をしてもらおう。待《ま》ち合《あ》わせは昼間《ひるま》にして、人《ひと》が多《おお》い場所《ばしょ》にしよう。

異性《いせい》や、年《とし》のはなれた人《ひと》と会《あ》うのは絶対《ぜったい》NG

まだ子《こ》どものきみと、実際《じっさい》に会《あ》おうとする大人《おとな》は、あやしい可能性《かのうせい》が高《たか》い。また、異性《いせい》と会《あ》うのもトラブルになりやすいので避《さ》けよう。

1対《たい》1ではなく何人《なんにん》かで会《あ》うとしても、かならず保護者《ほごしゃ》といっしょにね

ネットで知《し》り合《あ》った人《ひと》のことは、信《しん》じすぎないで話《はな》し半分《はんぶん》で認識《にんしき》しておくべし! ネット上《じょう》では、悪意《あくい》のある人《ひと》がつねにターゲットをさがしていることをわすれないで。

第4章

インターネットでの失敗談《しっぱいだん》

みく

SNSの投稿《とうこう》を塾《じゅく》の先生《せんせい》に見《み》られてた！

わたしは、SNSで日常《にちじょう》のことをよく投稿《とうこう》してるんだけど、去年《きょねん》の夏《なつ》、大失敗《だいしっぱい》しちゃった。

塾《じゅく》の夏期講習《かきこうしゅう》のとき、塾《じゅく》に行《い》かないで遊《あそ》びたーいって思《おも》って「あの先生《せんせい》の授業《じゅぎょう》つまらない」と書《か》いて投稿《とうこう》したことがあったの。

そうしたらなんと、しばらくしてから「オレの授《じゅ》業《ぎょう》つまんないんだってな」って、その先生《せんせい》から言《い》われちゃった!!

すっごく気《き》まずかった。それに、ほかの投稿《とうこう》も見《み》られていると思《おも》うと、はずかしすぎるよ～！

たいち

消《け》したはずの写真《しゃしん》を友達《ともだち》がもっていた

このあいだ、友達《ともだち》と撮《と》ったヘン顔《がお》の写真《しゃしん》をSNSに投稿《とうこう》したんだ。

そのときはテンション上《あ》がってのせちゃったんだけど、あとからなんか、はずかしくなって消《け》したんだよね（笑《わらい》）。

でも次《つぎ》の日《ひ》、その消《け》したはずの写真《しゃしん》をべつの友達《ともだち》がもってて、見《み》せてきたんだ。その友達《ともだち》は写真《しゃしん》が消《け》されてることは知《し》らなくて、ただおもしろかったから保存《ほぞん》して見《み》せてきたみたい。

なかがいい友達《ともだち》だったからよかったけど、もしこれが悪意《あくい》のある人《ひと》だったとしたら……。またアップされちゃうかもしれないじゃん。一度《いちど》ネットにのせたらもう永遠《えいえん》に消《け》せないんだなと気《き》がついて、それからは気《き》をつけているよ。

ちひろ

ネットで知《し》り合《あ》った人《ひと》に会《あ》っちゃった

SNSでやりとりをしていた人《ひと》に、ひとりで会《あ》いに行《い》ってしまった。

同《おな》い年《どし》って言《い》ってたのに、大人《おとな》の男《おとこ》の人《ひと》が来《き》て「ちひろちゃん?」ってきかれて……すっごく怖《こわ》かった。「ちがいます」って言《い》ってにげたけど、顔《かお》を見《み》られたから、ウソをついたことはバレていると思《おも》う。

やりとりをしていたアカウントは削除《さくじょ》したけど、送《おく》ったわたしの写真《しゃしん》は向《む》こうに残《のこ》ってる。悪用《あくよう》されたらどうしようって、恐怖《きょうふ》。

待《ま》ち合《あ》わせは人《ひと》が多《おお》いところだったからよかったけど、人《ひと》がいないところだったら、どうなっていたんだろう……。そもそも、行《い》ってはダメだったと今《いま》では思《おも》ってる。

ネットにアップされたものはだれでも読《よ》めるということを、肝《きも》に銘《めい》じてね。非公開《ひこうかい》にしていても、見《み》られている可能性《かのうせい》があるよ。

はだかの写真《しゃしん》を送《おく》るのは、何《なに》がなんでもダメ！！

「メッセンジャーアプリで使《つか》えるスタンプをプレゼントするから、そのかわりに、はだかの写真《しゃしん》を送《おく》って」など、要求《ようきゅう》してくるあやしい人《ひと》が、たまにいる。

どんな条件《じょうけん》を出《だ》されても、はだかの写真《しゃしん》だけは、絶対《ぜったい》に送《おく》ってはダメ！

今《いま》はおこづかいが少《すく》ないかもしれないけれど、スタンプなんかと引《ひ》きかえに大切《たいせつ》な未来《みらい》まで差《さ》し出《だ》すことになっちゃうよ。

もちろん、べつの何《なに》か高《たか》いものと引《ひ》きかえだとしても、絶対《ぜったい》にダメ。

明《あき》らかにおかしい要求《ようきゅう》だということは、きみにもわかるよね。その写真《しゃしん》をどう使《つか》われるかわからない恐怖《きょうふ》と、一生《いっしょう》つきあっていかなくちゃならなくなる。

また、インターネットで知《し》り合《あ》った人《ひと》が、「自分《じぶん》を信用《しんよう》してもらうため」と言《い》って、はだかの写真《しゃしん》を送《おく》ってくることがあるよ。それを信用《しんよう》して自分《じぶん》も送《おく》ったら、相手《あいて》の写《しゃ》真《しん》はにせものだった……ということもあるんだ（本物《ほんもの》だったとしてもノーサンキューだけどね……）。

インターネットという海《うみ》を上手《じょうず》に泳《およ》いでいくためには、まず自分《じぶん》の身《み》を守《まも》ること。「相手《あいて》を信用《しんよう》せずに、疑《うたが》う」こともだいじになってくるよ。

第《だい》5章《しょう》

先輩《せんぱい》たちのエピソード

先輩《せんぱい》たちが、あのころをふりかえると……

プルルルルル…
きたきた!
ひゃー!今度《こんど》は詐欺電話《さぎでんわ》?
やっぱりネット怖《こわ》い!
ボワーン
電話《でんわ》ありがとう!先輩《せんぱい》たち!
この子《こ》たちにきみたちの経験《けいけん》を話《はな》してあげてほしいんだよ!
すごーい!よろしくお願《ねが》いします!
オッケー!今《いま》はネットが欠《か》かせない社会《しゃかい》になっているもんね
ぼくたちが、どうやって荒波《あらなみ》をのりこえてきたのか教《おし》えるネ!

インターネットで世界《せかい》が広《ひろ》がった！

むつみ（19歳《さい》）
大学生《だいがくせい》

ネットで、大好《だいす》きな映画《えいが》の情報《じょうほう》をいろいろ調《しら》べることができました。「好《す》きなこと」を仕事《しごと》にするため、勉強中《べんきょうちゅう》です。

中学時代《ちゅうがくじだい》
ジャーーン
金曜
ロードショー
もう9時《じ》だぞ！
ドキドキ
明日《あした》学校《がっこう》ないし、お願《ねが》い！
うーん……今日《きょう》だけだぞ
ありがとう！
わたしは大《だい》の映画《えいが》好《ず》きです！
キラキラ
やっぱシュワちゃんはかっこいいわ
フッ

高校時代《こうこうじだい》
亀井監督《かめいかんとく》の映画《えいが》、東京《とうきょう》ではもう公開《こうかい》になってる。うちの地元《じもと》でもやるかなぁ
カチャカチャ
来年公開《らいねんこうかい》？信《しん》じられない！
わたしが住《す》んでいるところは田舎《いなか》だったので、東京《とうきょう》でやっている映画《えいが》がなかなかみられませんでした。でも……
今《いま》はインターネットがある!!
ジャーーン
インターネット
誕生日《たんじょうび》プレゼントは「有料《ゆうりょう》の動画《どうが》サイトの見放題《みほうだい》1年分《ねんぶん》」！
地元《じもと》にいながら、いろんな映画《えいが》をみられました。
ワーワー
そして、ブログをはじめて、わたしなりの映画《えいが》の感想《かんそう》やおすすめ作品《さくひん》について発信《はっしん》するようになりました。
カチャカチャ

第5章

映画大好きムッツミーの
映画ログ
バーン
トントン
ガチャ
ブログ見《み》たぞ
お父《とう》さんも昔《むかし》、あの映画《えいが》をみたことあるんだ
そーなんだ！ あのシーンってさ〜！
お父《とう》さんにアカウントがバレているので、よけいな心配《しんぱい》をされなくて、逆《ぎゃく》に楽《らく》です。

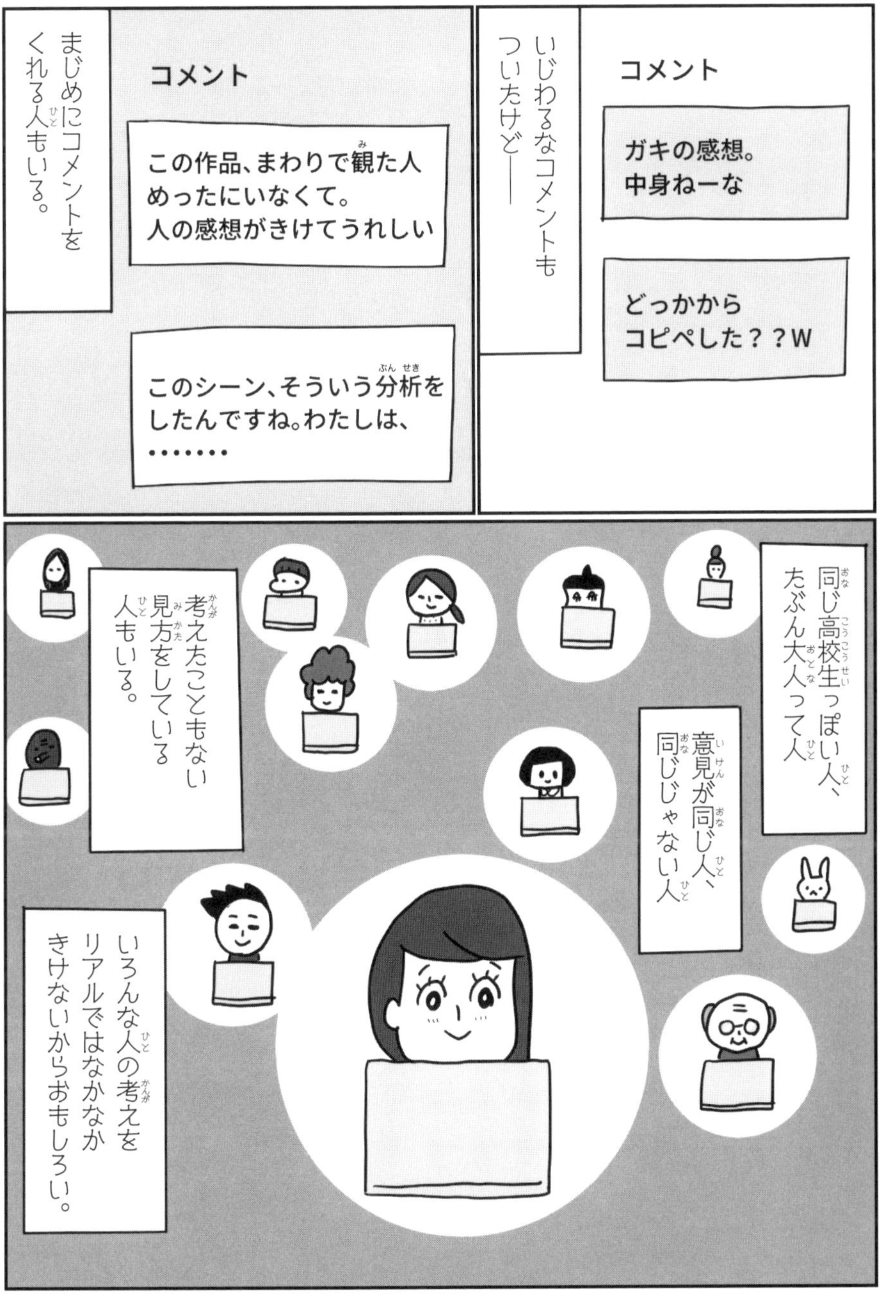
いじわるなコメントもついたけど――
コメント
ガキの感想。中身ねーな
どっかからコピペした??W
まじめにコメントをくれる人《ひと》もいる。
コメント
この作品、まわりで観《み》た人めったにいなくて。人の感想がきけてうれしい
このシーン、そういう分析《ぶんせき》をしたんですね。わたしは、…….
同《おな》じ高校生《こうこうせい》っぽい人《ひと》、たぶん大人《おとな》って人《ひと》
意見《いけん》が同《おな》じ人《ひと》、同《おな》じじゃない人《ひと》
考《かんが》えたこともない見方《みかた》をしている人《ひと》もいる。
いろんな人《ひと》の考《かんが》えをリアルではなかなかきけないからおもしろい。

そんなある日《ひ》
コメント欄《らん》の書《か》きこみから、
コアな映画《えいが》ファンが集《あつ》まる
ネット掲示板《けいじばん》を知《し》りました。
すご～い！
映画掲示板
3: 映画kasumgaseki 3(636)
4: H & L THE MOVIE 5(401)
5: アトラティック・リム 2(501)
6: 映画にかかわる仕事がしたい人 6(238)
7: シンゴ・ジラ (186)
8: 好きな映画サントラ (690)
9: 帰ってきた侍 2(104)
カチッ
匿名《とくめい》20XX/07/26 13:58:49
東京は映画のこと勉強できる
大学もいろいろある。
ふつうの大学にかよいながら
行ける専門《せんもん》学校とかも。
匿名20XX/07/26 14:05:33
わたし映画サイトのライター
やってる。
映画に関わる仕事って
たくさんあるよ
俳優《はいゆう》さんや監督《かんとく》以外《いがい》にも
映画《えいが》にかかわる仕事《しごと》って
いろいろあるんだ！
そこから、
映画《えいが》の学校《がっこう》について、
たっくさん調《しら》べました。

ネットを使《つか》うことによって、ふだん知《し》り合《あ》えないような人《ひと》とつながることができたり、たくさんの情報《じょうほう》を調《しら》べることができるよ。知《し》らない人《ひと》とのトラブルやニセの情報《じょうほう》に注意《ちゅうい》しつつも上手《じょうず》にネットを使《つか》えるといいね。

ネットに投稿《とうこう》したイラストがきっかけで、本《ほん》を出版《しゅっぱん》した

ひろき（25歳《さい》）
会社員兼《かいしゃいんけん》イラストレーター

見《み》てくれる人《ひと》がいたから、
はげみになったんだ。
絵《え》をかくこと、続《つづ》けて
よかった！

オレは小《ちい》さいころから、絵《え》をかくことが大好《だいす》きだった。
かきかき
目指《めざ》すは芸術大学《げいじゅつだいがく》！
青空芸術大学
合格発表
お、落《お》ちた……
あえなく撃沈《げきちん》……

かあちゃーん、
青空芸大《あおぞらげいだい》は落《お》ちたけど、
東西大学《とうざいだいがく》はうかったよ
よかったじゃない！
あんた、そっちに
行《い》ったほうがいいわよ
今《いま》だから言《い》うが、図工《ずこう》も美術《びじゅつ》も、
昔《むかし》から成績《せいせき》はよくなかったから、
落《お》ちたのは当然《とうぜん》と言《い》えば当然《とうぜん》だ。
そしてオレは、
ふつうの大学《だいがく》に
通《かよ》うことになった。
でも……
かき
かき
SNSに
投稿《とうこう》っと！
よっしゃウケた！
フォロワーも増《ふ》えてるぞ！
いいね 3642 フォロー2673
おもしろいwww
すげーwww
うなずきすぎて
首もげたwww
絵《え》をかくことは続《つづ》けてた……
完全《かんぜん》に趣味《しゅみ》だったけどね。

そんなある日《ひ》……
manga@ayashi.XXXX
漫《まん》画《が》募《ぼ》集《しゅう》
ひろき様
漫《まん》画《が》を拝《はい》読《どく》しました。うちのサイトで描《か》いてみませんか？
えええ?? マンガの依《い》頼《らい》!?
ゴクリ…
うちのサイトでマンガを描けば、より多くの人に読んでもらうことができます。
１本あたり５０００円のお支《し》払《はら》いで掲《けい》載《さい》できます
オレがお金《かね》をはらうの!?
心《こころ》がゆれたけど、あやしいと思《おも》って友達《ともだち》に相《そう》談《だん》してみたんだ。
お金《かね》をとるなんてありえないわ！
やっぱりおかしいという意見《いけん》をもらったから、ことわった。

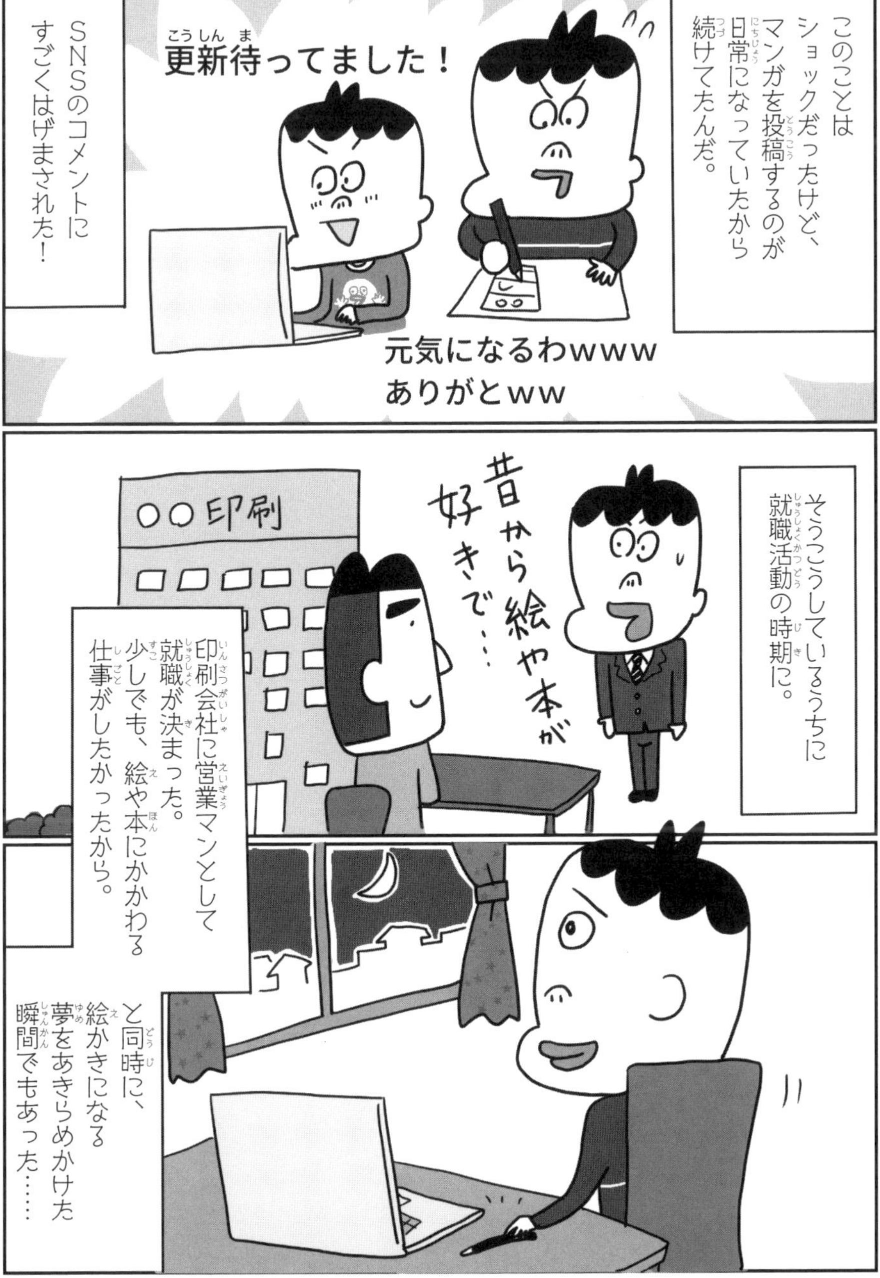
このことはショックだったけど、マンガを投稿《とうこう》するのが日常《にちじょう》になっていたから続《つづ》けてたんだ。
更新《こうしん》待《ま》ってました！
元気になるわwww
ありがとww
SNSのコメントにすごくはげまされた！
そうこうしているうちに就職活動《しゅうしょくかつどう》の時期《じき》に。
昔から絵や本が好きで…
○○印刷
印刷会社《いんさつがいしゃ》に営業《えいぎょう》マンとして就職《しゅうしょく》が決《き》まった。少《すこ》しでも、絵《え》や本《ほん》にかかわる仕事《しごと》がしたかったから。
と同時《どうじ》に、絵《え》かきになる夢《ゆめ》をあきらめかけた瞬間《しゅんかん》でもあった……

でも会社《かいしゃ》から帰《かえ》ったあと、マンガをかいてはSNSに投稿《とうこう》し続《つづ》けていたんだ。
書籍化《しょせきか》のご相談《そうだん》
ひろき先生
漫画《まんが》を読みました。うちから本を出しませんか？
岩崎出版《いわさきしゅっぱん》・編集部《へんしゅうぶ》
○井△美
フッフッフッ もうだまされないぞ!!
……って、岩崎出版《いわさきしゅっぱん》？
ずら——っ
うちに岩崎出版《いわさきしゅっぱん》のマンガいっぱいあるぞ
もしよろしければ、うちの会社までお越《こ》しください。くわしいお話をさせてください。
いてて…
最初《さいしょ》はあやしいと思《おも》ったけど、今度《こんど》はちゃんとしたところからの依頼《いらい》だった。

自分《じぶん》の好《す》きなことを自分《じぶん》から発信《はっしん》できるのもインターネットのよさ。

コツコツ続《つづ》けてきたことが実《み》を結《むす》んでよかったね。

自分《じぶん》だけ携帯《けいたい》をもたせてもらえなくてなやんでいた

たくや（17歳《さい》）高校生《こうこうせい》

あのとき、おかんと真剣《しんけん》に話《はな》しあったんだ。携帯《けいたい》をもたなかったこと、今《いま》ではよかったと思《おも》ってる。

中学《ちゅうがく》3年《ねん》のとき……
○○学習塾
授業《じゅぎょう》がはじまるまで通信《つうしん》でバトろうぜ！
オレかなりレベル上《あ》げたぜ！
ごめん、オレ携帯《けいたい》もってないから……
そうだったな
じゃあふたりでやろう
オレは携帯《けいたい》をもっていないことに絶望《ぜつぼう》していた……

じゃーな!
あの件《けん》、メールして
学校《がっこう》の友達《ともだち》は、携帯《けいたい》をもっていない子《こ》もたくさんいる。
でも、だいたいみんな塾《じゅく》に行《い》き始《はじ》めると携帯《けいたい》をもたせてもらえるんだ……
とぼとぼ…
おかん、塾《じゅく》終《お》わった。むかえ来《き》て
おかん、携帯《けいたい》買《か》ってよ
中学生《ちゅうがくせい》のうちはダメ
なんで。塾《じゅく》に行《い》ってる子《こ》はみんなもってるよ
……
ねえってばぁ
ピタッ
スー

第5章

あのね、だいじなことだからきいてほしいんだけど
高校《こうこう》に入《はい》るための勉強《べんきょう》ってとってもだいじなの
携帯《けいたい》をもっていると、ついそれで遊《あそ》んじゃう
携帯《けいたい》をさわらないように自分《じぶん》と戦《たたか》うぐらいだったら、その力《ちから》を勉強《べんきょう》や部活《ぶかつ》にそそいでほしいのよ
おかんは、いつになく真剣《しんけん》で、オレの目《め》をまっすぐ見《み》て話《はな》した。だからこの会話《かいわ》は、今《いま》でもよく覚《おぼ》えてる。
そして……
〇〇塾
統一テスト
テスト結果
Aクラス
⑪
⑫
① □□△△
② 〇〇×〇
③ 〇〇たくや
④ △△□□
やった! 3位《い》だ!
やったなぁ
たくや、すげーな!
じ~ん
成績《せいせき》は急上昇《きゅうじょうしょう》。無事《ぶじ》に第一志望《だいいちしぼう》の高校《こうこう》に合格《ごうかく》!

携帯《けいたい》をもっていないことで、プラスにはたらくこともある!

そして、もってみたら意外《いがい》とめんどくさかった……

という人《ひと》もけっこういるみたいだね。

ネットと上手《じょうず》につきあっていこう

ただね、ネットの世界《せかい》は移《うつ》り変《か》わりがはやくて、新《あたら》しい道具《どうぐ》や機能《きのう》がでてくるし、詐欺《さぎ》もどんどん進化《しんか》していってるんだよ
サギ
進化《しんか》した詐欺《さぎ》……
怖《こわ》い！
残念《ざんねん》ながら、ぼくが伝《つた》えたことがインターネットのすべてではない
あやしいと思《おも》ったときは、かならず大人《おとな》に相談《そうだん》しようね
ぼくは、ここで見守《みまも》っているよ
シュル
シュル
マウスくん〜〜〜!!
パッ
ほんとにただのマウスにもどっちゃった……
ネットの世界《せかい》はつねに変化《へんか》しているということも、わすれないで！
ここってそこ!?

おわりに

マウスくんや、はなちゃん、ひでとくんたちといっしょに、

みんなのインターネットにまつわるなやみは解決《かいけつ》できたかな？

「危険《きけん》！」「注意《ちゅうい》！」ばっかりで、怖《こわ》がらせちゃったかもしれないね。

でも、それってじつは必要《ひつよう》なこと。

ネットの世界《せかい》では、めまぐるしい速度《そくど》で新《あたら》しいサイトやサービスが生《う》まれている。

大人《おとな》たちにとっても、経験《けいけん》したことがないものばかりで、

全部《ぜんぶ》の使《つか》い方《かた》や危険性《きけんせい》を知《し》るのは難《むずか》しい。

だからこそ、きみたちは、自分《じぶん》で考《かんが》えて判断《はんだん》する力《ちから》をつけなくちゃいけない。

そのために、いろんな種類《しゅるい》の危険《きけん》があることを、知《し》っておいてほしいんだ。

ネットには決《き》まった使《つか》い方《かた》がないから、自分《じぶん》なりの上手《じょうず》な使《つか》い方《かた》を見《み》つける必要《ひつよう》がある。

もし「ネットを楽《たの》しんでる」という人《ひと》がいたら、

それをすでに見《み》つけられたということかもしれないね。

これからも大人《おとな》といっしょに、ネットの世界《せかい》を楽《たの》しんでみてね。

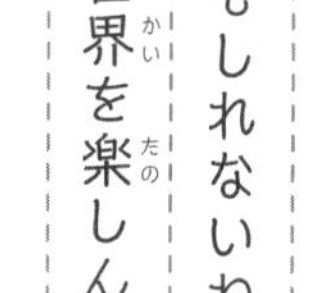

相談窓口情報《そうだんまどぐちじょうほう》

この本《ほん》を読《よ》んで、なやんでいるきみの心《こころ》が楽《らく》になったり、
解決《かいけつ》への希望《きぼう》が見《み》えてきたりするようだとうれしい。
もし、つらい気持《きも》ちからなかなかぬけだせない、まわりに相談《そうだん》
できる人《ひと》がいないなら、相談窓口《そうだんまどぐち》に電話《でんわ》してみるのも手《て》だよ。
ちょっと勇気《ゆうき》がいるかもしれないけど、相手《あいて》は慣《な》れているし、
相談内容《そうだんないよう》の秘密《ひみつ》は守《まも》ってくれるから心配《しんぱい》ない。
自分《じぶん》を助《たす》けるために、一歩前《いっぽまえ》へふみだして。

ネットいじめについて

・24時間《じかん》子供《こども》SOSダイヤル　0120-0-78310《なやみいおう》（相談《そうだん》・通話料《つうわりょう》は無料《むりょう》）

＊受付時間《うけつけじかん》：夜間《やかん》・休日《きゅうじつ》をふくめていつかけてもOK。

・名前《なまえ》、学校名《がっこうめい》を伝《つた》えなくてもOK。

・IP電話《でんわ》（050で始まる番号《ばんごう》）ではつながらないことがある。

いじめにかぎらず子《こ》どものSOSを受《う》けとめる窓口《まどぐち》。
原則《げんそく》として電話《でんわ》をかけた場所《ばしょ》の教育委員会《きょういくいいんかい》の相談機関《そうだんきかん》につないでくれる。

・子《こ》どもの人権《じんけん》110番《ばん》　0120-007-110《ぜろぜろなな の ひゃくとおばん》（相談《そうだん》・通話料《つうわりょう》は無料《むりょう》）

＊受付時間《うけつけじかん》：平日午前《へいじつごぜん》8時《じ》30分《ぷん》から午後《ごご》5時《じ》15分《ふん》まで
（12月《がつ》29日《にち》〜1月3日《がつみっか》はお休《やす》み）

・名前《なまえ》、学校名《がっこうめい》を伝《つた》えなくてもOK。

・IP電話《でんわ》（050で始まる番号《ばんごう》）ではつながらないことがある。

法務局《ほうむきょく》・地方法務局《ちほうほうむきょく》の職員《しょくいん》、または人権擁護委員《じんけんようごいいん》が話《はなし》をきいて、どうしたら
いいかいっしょに考《かんが》えてくれる。インターネットでの相談《そうだん》も受《う》け付《つ》けている。
http://www.jinken.go.jp/（法務省《ほうむしょう》インターネット人権相談受付窓口《じんけんそうだんうけつけまどぐち》　SOS-e《エスオーエス イー》メール）

ネット詐欺《さぎ》、ネットいじめなどについて

・都道府県警察本部《とどうふけんけいさつほんぶ》のサイバー犯罪相談窓口《はんざいそうだんまどぐち》（相談《そうだん》は無料《むりょう》だが、通話料《つうわりょう》がかかる）

各都道府県《かくとどうふけん》の警察《けいさつ》が窓口《まどぐち》を設置《せっち》している。
「サイバー犯罪相談窓口《はんざいそうだんまどぐち》」で検索《けんさく》すると、電話番号一覧《でんわばんごういちらん》が調《しら》べられる。

ネット通販《つうはん》トラブルなどについて

・消費者《しょうひしゃ》ホットライン　188《いやや!》番《ばん》（相談《そうだん》は無料《むりょう》だが、通話料《つうわりょう》がかかる）

・IP電話《でんわ》（050で始まる番号《ばんごう》）ではつながらないことがある。

近《ちか》くの消費生活《しょうひせいかつ》センターや消費生活相談窓口《しょうひせいかつそうだんまどぐち》を案内《あんない》してくれる。

※電話番号《でんわばんごう》、アドレスなど掲載情報《けいさいじょうほう》は、2017年《ねん》11月現在《がつげんざい》のものです。変更《へんこう》になる可能性《かのうせい》もあります。

※この本の情報は、2017年11月現在のものです。今後、変更になる可能性もあります。

監修　高橋暁子

ITジャーナリスト。10代による、LINE・Facebook・TwitterなどSNSの利用実態、情報リテラシー教育に詳しい。『ソーシャルメディア中毒』（幻冬舎）などの著書、メディア出演多数。元教員、一児の母。

監修　北川雄一

1980年生まれ。日本体育大学体育学部卒。現在、江戸川区立上小岩第二小学校、主任教諭。大学在学中から野外教育、冒険教育、ファシリテーション等を学び、それらを生かしたクラスづくり、授業づくりに力を入れている。

文　梶塚美帆

1986年宮城県生まれ。編集者、ライター。子ども向け書籍専門の編集プロダクションに勤務し、絵本や児童書の企画・制作を担当。約40冊を手掛ける。現在はウェブ媒体や子ども向けの書籍を中心に、執筆や編集を行っている。

絵　つぼいひろき

1976年東京都生まれ。成蹊大学法学部卒業。大学在学中にはプロボクサーとしてリングに上がる。卒業後、共同印刷入社。渋谷アートスクールに入学しイラストを学ぶ。その後、共同印刷を退社、フリーのイラストレーターとなる。絵を担当した書籍に『超爆笑100連発！お笑い天国』『絶対ダマされる!! ひっかけ&10回クイズ』（ともにポプラ社）など。

作画協力　ちいなみこ

〔ききめ〕
おなやみ解決・はげまし

なやみと～る

1. 友《とも》だち関係《かんけい》のなやみ
2. 恋愛《れんあい》のなやみ
3. 転校生《てんこうせい》のなやみ
4. 運動《うんどう》のなやみ
5. ネット・SNSのなやみ

〈全5巻〉

なやみと～る ⑤　ネット・SNS のなやみ

2018年1月31日　第1刷発行

監修　高橋暁子・北川雄一
文　梶塚美帆
絵　つぼいひろき
発行者　岩崎夏海
編集　増井麻美
発行所　株式会社岩崎書店
〒112-0005 東京都文京区水道 1-9-2
03-3812-9131（営業） 03-3813-5526（編集） 振替 00170-5-96822
印刷所　三美印刷株式会社
製本所　株式会社若林製本工場
装丁・本文デザイン　吉沢千明

NDC159 ISBN 978-4-265-08605-4

●ご意見・ご感想をお寄せください。 E-mail hiroba@iwasakishoten.co.jp
●岩崎書店ホームページ http://www.iwasakishoten.co.jp